# QUEM SABE FAZ A HORA!

# MARIO SERGIO CORTELLA

**INICIATIVAS DECISIVAS PARA GESTÃO E LIDERANÇA**

# QUEM SABE FAZ A HORA!

Planeta

Copyright © Mario Sergio Cortella, 2021
Copyright © Editora Planeta do Brasil, 2021
Todos os direitos reservados.

*Edição para o autor:* Paulo Jebaili
*Preparação*: Ana Tereza Clemente
*Revisão*: Laura Vecchioli, Marina Castro
*Diagramação*: 3Pontos Apoio Editorial Ltda
*Capa*: André Stefanini

Este livro originou-se de parte do conteúdo (agora revisado, recriado e expandido) de edição única em 2019 da obra do mesmo autor, *Pensar & Agir*, da Cortez Editora para a Unibrad.

Dados Internacionais de Catalogação na Publicação (CIP)
Angélica Ilacqua CRB-8/7057

---

Cortella, Mario Sergio
  Quem sabe faz a hora!: Iniciativas decisivas para gestão e liderança / Mario Sergio Cortella. – 1. ed. – São Paulo: Planeta, 2021.
  176 p.

ISBN 978-65-5535-307-5

1. Administração de pessoal  2. Liderança  3. Ética
4. Atendimento ao cliente  5. Conduta  I. Título

21-0571                                              CDD 658

---

Índices para catálogo sistemático:
1. Gestão e liderança

MISTO
Papel | Apoiando o manejo florestal responsável
FSC® C019498

Ao escolher este livro, você está apoiando o manejo responsável das florestas do mundo

2023
Todos os direitos desta edição reservados à
EDITORA PLANETA DO BRASIL LTDA.
Rua Bela Cintra, 986 – 4º andar – Consolação
01415-002 – São Paulo-SP
www.planetadelivros.com.br
faleconosco@editoraplaneta.com.br

# SUMÁRIO

## I
## **GESTÃO NAS RELAÇÕES**
O trabalho agora e a busca do equilíbrio

Capítulo 1   NADA SERÁ COMO ANTES?   11
Desafios reais em ambientes virtuais

## II
## **LIDERANÇA**
Harmonizadora de convivências

Capítulo 2   GESTÃO É MOVIMENTO   25
Nenhuma pessoa ou empresa já é qualificada; somos qualificantes

Capítulo 3   ELOS CONTEMPORÂNEOS   33
Convivência geracional é fonte de riqueza

Capítulo 4   O QUE MOBILIZA AS PESSOAS   43
Entre o presencial e o virtual vale o proposital

## III
## **PROTAGONISMO**
Uma atitude favorável

Capítulo 5  SABER E FAZER A HORA  57
Proatividade é ir buscar em vez de
aguardar que algo se realize

Capítulo 6  PROTAGONISMO EM CONJUNÇÃO  67
Empreende melhor quem está em
boa companhia

## IV
## **PLANEJAMENTO**
Competências para o desenvolvimento

Capítulo 7  UMA CAPACIDADE DECISIVA  79
À procura dos melhores traçados

Capítulo 8  VISÃO ANTECIPADA, VIVÊNCIA REFLETIDA  89
A perícia de articular saberes

# V
# ÉTICA
Uma casa com valores

Capítulo 9   NÃO FAZEMOS QUALQUER NEGÓCIO!   99
Uma regra que ilumina as referências da conduta decente

Capítulo 10   LUGAR DECENTE, AÇÃO HONRADA   111
A liderança deve zelar pela integridade das pessoas e dos negócios

# VI
# ATENDIMENTO AO CLIENTE
Uma relação vital

Capítulo 11   RESPEITO COMO VALOR   125
Confiança se estabelece pela prática cotidiana

Capítulo 12   MARCAS DO CUIDADO   133
Relações bem cultivadas gratificam de vários modos

Capítulo 13   SEM PONTO-FINAL   145
Negócio fechado, fidelização aberta

# VII
# COMUNICAÇÃO
## O valor da conexão

Capítulo 14   EM BUSCA DA SINTONIA FINA                159
  Criatividade, diversidade: do convívio das
  diferenças pode surgir o novo

# I
# GESTÃO NAS RELAÇÕES

O trabalho agora e a busca do equilíbrio

Capítulo 1

# NADA SERÁ COMO ANTES?

### Desafios reais em ambientes virtuais

Escrevo e reescrevo estas reflexões em torno de iniciativas virtuosas e atitudes decisivas no momento em que atravessamos a pandemia causada pelo novo coronavírus. Não há como ter tanta nitidez sobre o que acontecerá após este período. Ainda assim, precisamos repensar as relações profissionais. Não apenas o mundo do trabalho vai mudar, mas nada será como antes dessa pandemia. Nem tudo, porém, será inédito.

Muita coisa persistirá, algumas tolices continuarão, muitos acertos serão feitos. A humanidade vive um abalo muito grande, precisaremos refletir de modo mais denso sobre os nossos modos de conduzir as coisas.

O mundo do trabalho desenha novas relações. Estamos fazendo com mais intensidade o teletrabalho, também conhecido como home office. Com isso, muitas empresas e profissionais estão notando que, especialmente em cidades grandes, o período de deslocamentos entre casa e trabalho nos tira uma parte considerável do usufruto do tempo. Como tendência para os próximos anos, é possível que haja uma descentralização do local do trabalho, eventualmente com o uso de espaços, como os de coworking, em que as pessoas poderão realizar suas atividades profissionais mais próximas de suas casas.

Numa perspectiva histórica mais recente, a pandemia que chegou de forma avassaladora ao Ocidente em 2020 só adensou um movimento de descentralização do trabalho que algumas organizações já vinham fazendo. Outras tantas tiveram de fazê-lo em caráter emergencial.

No ambiente das universidades, isso acontece desde os anos 1940, com equipes descentralizadas que depois agregam o trabalho em conjunto. Não havia, entretanto, um aparato tecnológico que permitisse um fluxo veloz de trabalho e de trocas de informações.

No início dos anos 1990, começou-se a desenhar esse modelo laboral como um ideário para a libertação das amarras acarretadas pelo ambiente de trabalho. Mas ainda não contávamos com o mundo digital internético. A comunicação com maior instantaneidade se dava por ligações telefônicas ou por fax, quando era preciso enviar ou receber algum documento ou registro impresso. Havia o desejo, a inclinação e algumas experiências que viabilizavam o trabalho a distância. Jornalistas, freelancers ou não, já podiam apurar e escrever suas matérias de casa. Ainda dependiam, porém, de um portador para que um disquete chegasse à redação do veículo de comunicação.

Em meados da década, com o advento e o acesso em larga escala à internet, a tecnologia nos possibilitou instantaneidade, simultaneidade e conectividade, o que alterou toda a dinâmica do trabalho. A geografia deixou de ser uma barreira para vários tipos de atividade.

Pelas experiências que pude acompanhar, o trabalho remoto, num primeiro momento, produziu um encantamento no profissional, pela possibilidade de ficar em casa, com sensação de poder administrar os próprios horários. Mas, após um tempo, essa condição gerou uma certa angústia, pela ausência do encontro, do momento do café, de olhar para a mesa ao lado, do papo no elevador e do "como é que você está?". Essa forma de interação empática acabou se restringindo. Apesar de algumas vantagens do trabalho remoto, muitos profissionais se ressentiram da falta de convivência com os colegas.

É possível inferir até, num certo sentido, que o mundo do trabalho guarda semelhanças com a escola. Afinal de contas, a escola não é apenas um local de aprendizagem, mas um espaço onde se tem uma experiência sociocultural, onde convivências se dão.

Ocasiões como tomar um café com um colega e desabafar ou se alegrar, trocar ideias e informações fazem parte dessa experiência. Numa atividade presencial, a pessoa não tem apenas a possibilidade de estar perto de alguém para trabalhar, mas também para fruir outras dimensões que a vida coloca, como a dos afetos.

Ou até da competitividade e da cooperação em relação ao alcance de metas. Mesmo no caso da partilha pedagógica – embora seja possível fazer a relação ensino-aprendizagem de modo virtual, cuidar da formação continuada –, o presencial tem uma eficácia muito maior em determinadas situações, pelo próprio estímulo que representa e pela agregação imediata de múltiplas fontes de conhecimento disseminadas entre as pessoas presentes, sem mediação tecnológica expressiva.

Algumas tentativas com pessoas trabalhando exclusivamente em casa foram deixadas de lado. Com o tempo, observou-se que alguns profissionais passaram a ter condutas menos criativas, tornando-se mais tensos. Embora os encontros no trabalho possam trazer alguns desconfortos ou algum nível de conflito, existem vantagens, como os modos de interação e as soluções que surgem com as trocas presenciais.

Há que se considerar também que o home office requer muita disciplina, porque podem acontecer muitas intercorrências e porque as necessidades da casa se mantêm presentes. Isso exige grande capacidade de organização. Durante o período pandêmico, foram frequentes as reclamações de pessoas que diziam estar trabalhando mais em casa do que no local de trabalho. Essa sensação muitas vezes foi acentuada pelo crescente fluxo das demandas do mundo digital.

O recolhimento imposto pela pandemia expôs os desafios do trabalho a distância. Se por um lado percebeu-se que muitas atividades laborais não tinham tanta necessidade de acontecer exclusivamente de modo presencial, por outro lado notou-se que não havia a possibilidade de substituir o presencial pelo virtual de modo completo. Pelo menos não era possível para todas as atividades.

Há que se levar em consideração que nós não tínhamos uma experiência mais densa com esse tipo de situação, com um confinamento de modo compulsório. Não houve tempo suficiente de preparação quando fomos surpreendidos pela necessidade de distanciamento e isolamento – ainda que o trabalho a distância já fosse uma realidade para uma parcela da população economicamente ativa.

A urgência das medidas para que as pessoas ficassem em casa exigiu decisões, muitas delas tomadas até de forma atribulada. O impacto do primeiro momento demandou ajustes, reformulações, rearranjos. Em muitos casos, foi quase na base de tentativa e erro, mas, gradativamente, o fluxo de trabalho foi se restabelecendo.

Passado o período de adaptação, o novo contexto trouxe à tona questionamentos sobre as relações com o trabalho. Alguns gestores perceberam o quão contraproducente pode ser um funcionário despender quatro horas por dia no trajeto casa-trabalho. Claramente, esse tempo poderia ser aproveitado num aumento de qualificação desse colaborador, no aprimoramento de alguma competência, em atividades que melhorassem a qualidade de vida, no descanso, no lazer, no convívio com a família. Qualquer uma dessas vertentes contribuiria para se ter alguém mais propenso a fazer melhores entregas.

Sem falar nos benefícios para além do âmbito corporativo. Afinal, com menos necessidade de deslocamentos, o trabalho remoto estende seus impactos no trânsito das cidades, sobretudo nas metrópoles, e, consequentemente, no meio ambiente, com menos emissão de poluentes na atmosfera. No cômputo geral, há uma significativa economia de recursos materiais e imateriais, como o tempo, só para citar um bem importante.

É provável que uma parte significativa das empresas adote um modelo híbrido. Evidentemente, as necessidades variam conforme cada organização. Mas, de modo mais genérico, é possível imaginar que haja, a cada período, um volume de trabalho que possa ser realizado em casa e outro nas dependências da empresa.

Afinal, por mais que essa tecnologia esteja cada vez mais acessível, nós ainda não conseguimos – talvez nem desejemos – abandonar a experiência sensorial que o encontro presencial proporciona.

Pode-se argumentar que uma conversa entre duas pessoas, por qualquer plataforma tecnológica, é um ato presencial, afinal, ambas estão presentes, estão apresentadas, em algo que acontece naquele momento. Não deixa de ser um "aqui e agora". Mas eu chamo de sensorial em razão de um uso mais extenso dos sentidos e das presenças pessoais; essa experiência sensorial tem mais a ver com a ambiência, por estar imerso numa experiência coletiva. Tal como num teatro, em que um riso puxa outro, ou no cinema, quando a sala toma um susto em conjunto.

O trabalho virtual e o trabalho presencial no local da atividade não são mutuamente excludentes, são complementares. O virtual nos tirou de uma única trilha, mas não obrigatoriamente substituiu o presencial.

Como costumo mencionar, nem tudo será como antes, algumas coisas poderão deixar de ser como eram. Mas nem tudo será inédito, pois não se deve perder a conexão com o passado. Cabe destacar que nem tudo que vem do passado é ultrapassado. Muita coisa que vem do passado precisa ser levada adiante.

O modelo híbrido exigirá encontrarmos o ponto de equilíbrio em relação a vários aspectos. O uso do tempo, por exemplo. Tanto por parte do profissional quanto dos gestores. Um dos aspectos positivos mais comentados do trabalho a distância é a maior flexibilidade na administração do tempo. Isso será positivo à medida que o funcionário souber, efetivamente, administrá-lo, quando conseguir estipular uma disciplina para que atividades domésticas e profissionais sejam partilhadas, sem prejuízo para as tarefas laborais.

Por parte da gestão, a supervisão precisa ser feita tal qual no presencial para que o andamento do processo não fique comprometido. Até se diria: "Mas, no mundo virtual, isso ficaria muito mais difícil". Não é verdade. O que desaparece é a vigilância de natureza física, porém as métricas continuam vigentes, assim como os prazos.

A gestão precisará adotar novos parâmetros para afinar ainda mais alguns procedimentos. A métrica será muito mais a realização da tarefa do que simplesmente o tempo conectado ou não. Outro ponto é a partilha adequada do volume de trabalho entre as pessoas da equipe. O fato de estar em casa não exime o gestor de determinar uma distribuição equânime dos volumes de trabalho entre os membros da equipe. O distanciamento não pode induzir a pensar que o profissional dispõe de mais tempo do que teria no escritório para realizar as tarefas.

A acessibilidade propiciada pela tecnologia trouxe desvios de percepção, que geraram até mesmo entreveros no campo da Justiça do Trabalho. Em alguns processos, houve o questionamento do que significaria estar à disposição da companhia.

Se o uso tecnológico admite a possibilidade de que eu esteja acessível, isso não implica que eu tenha de ficar presente de modo contínuo. Essa é uma possibilidade, não uma obrigatoriedade.

O mundo do trabalho passou a debater quais são as fronteiras em relação à disponibilidade dos colaboradores. Logicamente, existem atividades que adotam o esquema de plantão, como as dos profissionais de saúde, de segurança, do jornalismo, da manutenção de equipamentos.

Estar de plantão significa cumprir uma carga horária no local de trabalho ou estar em outro lugar, mas poder ser acionado a qualquer instante para atender demandas que surgirem naquele período. Isso faz parte da natureza operacional de algumas profissões.

Em várias atividades há momentos em que o trabalho se torna mais intenso por alguma circunstância: o lançamento de um produto, a conclusão de uma campanha publicitária, a realização de um evento. Nessa hora, é preciso ter consciência de que se trata de um esforço extra ocasionado pelo contexto.

Feitas essas ressalvas, em várias atividades do mundo corporativo, nós precisaremos introduzir uma reflexão mais densa sobre acessibilidade e disponibilidade. Há uma distinção entre essas duas condições. Eu estou acessível, toda a minha equipe de trabalho está acessível, porque muitas pessoas hoje passam boa parte do tempo com o celular próximo. Isso, no entanto, não significa que elas estejam disponíveis o tempo inteiro. Essa confusão gerou embates intensos em várias organizações.

Seja no presencial, seja no virtual, em tempos pandêmicos ou não, vale o tradicional princípio de que "o combinado não é caro nem barato". Uma parte dos desentendimentos poderia ser evitada se essa antiga máxima fosse seguida.

Se foi combinado um esforço adicional para o alcance de algum objetivo, numa dada circunstância, isso não deve carregar nenhuma contrariedade. Então, primeiro é preciso que o acordo esteja claro para todas as partes envolvidas. Segundo, que sejam estabelecidas as condições para que a dedicação intensificada não interfira na capacidade de trabalho do profissional, que possa chegar à exaustão.

Quando se está de acordo, a sensação de justiça prevalece. Esse é o básico para que as coisas funcionem a contento. Podemos contar com a mais moderna das tecnologias, mas alguns ensinamentos ancestrais continuam nos servindo muito bem.

# II
# LIDERANÇA

Harmonizadora de convivências

Capítulo 2

# GESTÃO É MOVIMENTO

*Nenhuma pessoa ou empresa já é qualificada; somos qualificantes*

A tarefa fundamental da liderança é dar sustentação a uma atividade. A ponte para a perenidade se dá pela capacidade dos líderes de formar pessoas que elevem o nível de vitalidade da organização.

Como lembro com frequência, liderança é diferente de chefia, cuja tarefa é apenas fazer funcionar. Isto é, somente garantir a condição de operação. Já a liderança, em sua atividade de gestão, tem o propósito de conduzir a empresa para o futuro.

Uma das formulações mais inteligentes que já vi consta na frase: "O verdadeiro líder não forma seguidores, forma outros líderes". Marca a ideia de que, se você formar seguidores, eles estarão na dependência da sua capacidade, da sua *expertise*, da sua competência. Nessa condição, se você perder potência, se algo acontecer com você, a possibilidade de uma ação mais efetiva ficará travada, enclausurada.

Nas famílias em que o pai ou a mãe são extremamente centralizadores, é muito comum aquela estrutura desandar quando um deles falta. Isso vale para várias atividades. Nas empresariais, mais ainda.

É preciso atentar que formar seguidores é formar pessoas que têm uma relação de dependência com você. Por outro lado, há uma antiga frase, muito interessante, que diz que é necessário preparar alguém que tenha mais capacidade que você.

Durante muitos anos na universidade, eu fui orientador de alunos de mestrado e doutorado. Logo na primeira reunião, eu dizia ao orientando:

"Se você quiser honrar a minha orientação, me supere". Isso não significa que ele precisaria ser melhor do que eu em tudo, porque nenhum de nós é melhor do que o outro em todos os aspectos.

A ideia que eu passava era no seguinte sentido: "Você tem de ser melhor do que eu, porque, se ao término dessa dissertação ou tese o conhecimento estiver no mesmo lugar em que estava quando começamos, eu terei falhado e você também. Terei falhado por não conseguir orientar e fazer elevar a sua condição nessa área. E você terá falhado por não cumprir comigo esse compromisso de me ultrapassar. Por isso, querendo ser melhor do que eu nisto que está estudando, você vai me honrar, jamais me ameaçar".

Um temor que um líder não precisa ter é o de *ser* ultrapassado. Deve, sim, temer *ficar* ultrapassado, o que é bem diferente.

Uma liderança que fica ultrapassada é aquela que se torna anacrônica, desconectada do tempo, que não se atualiza. Mas uma liderança formadora de pessoas que a ultrapassem eleva o nível de vitalidade da organização, ao provê-la com capacidade, energia e conhecimento.

De fato, o que mais me animava como professor era formar pessoas às quais eu pudesse me referir dizendo: "Esse é ótimo, ele é melhor do que eu nisso, aquele é melhor do que eu naquilo".

Esse receio de ser superado por um subordinado geralmente reside no argumento de que "se ele ficar melhor do que eu, serei descartado". Só se merecer, não porque foi ultrapassado, mas por ter se tornado ultrapassado. É outra lógica que prevalece nesse tipo de situação.

É tarefa da liderança a formação dos outros e de si mesma. Uma liderança tem de formar-se de modo contínuo para não ficar ultrapassada e tem de formar os outros que com ela atuam para que eles a ultrapassem, sejam melhores e levem a organização adiante. Nesse sentido, a liderança tem uma natureza educativa muito grande em sua essência.

Um mundo de mudança, velocidade e alteração exige estado de prontidão, requer disponibilidade para reinventar o que está sendo feito e reafirmar aquilo que diferencia a organização. Evidentemente, nem tudo muda o tempo todo, mas várias circunstâncias mudam. A essas é preciso redobrar a atenção.

A conduta mais arriscada na atividade de liderança é se tornar distraído. A distração acontece quando dedico mais atenção do que deveria a certas coisas ou, o que é pior, quando acho que já estou seguro. Nessa hora, cabe recordar Aquiles, herói da mitologia grega, que morreu com uma flechada no calcanhar porque achou que não tinha "o calcanhar de Aquiles". Todos nós o temos.

Não posso, como liderança, confiar incondicionalmente na minha capacidade nem na dos outros; é preciso estar de "prontidão" para aquilo que ainda não se sabe e para trilhar rotas inéditas.

A prontidão não significa que as pessoas têm de estar de partida o tempo todo, mas elas precisam estar preparadas quando for o caso de partir para um novo rumo.

É preciso, portanto, que eu fique preparado e prepare outras pessoas. Como? Identificando as lacunas naquela equipe, os pontos de fragilidade, os pontos fortes ou de facilitação, de maneira que eu reforce aquilo que é um indicador de positividade e corrija ou reponha aquilo que sugere fragilidade.

Como liderança, preciso estar atento aos sinais que estão à minha volta e que apontam para o risco de perda de potência. Por exemplo, quando o grupo demonstra desânimo, quando o resultado fica reduzido não pelo contexto do mercado, quando começo a notar indiferença em relação ao desempenho.

Essa situação exige um exame mais minucioso. Fazer uma análise é separar as várias partes para ver como elas estão na sua integração, na sua mecânica de funcionamento. A partir dessa análise, fazer uma síntese, juntando as forças e iniciando um movimento de reinvenção.

Nenhuma pessoa, assim como nenhuma organização, já é qualificada. Nós somos qualificantes. Ser gestor é um gerúndio, pois se trata de um processo; não é um infinitivo, algo concluído.

Ser uma liderança é colocar a vida em movimento. Essa movimentação precisa, primeiro, contar com a disponibilidade de se movimentar; segundo, ter o preparo para fazê-lo.

Há um desafio especial para a liderança, que exige humildade intelectual, para que esses sinais agucem a prontidão. Implica ser capaz de dialogar com os seus liderados para que eles avaliem a sua atividade. Não é uma avaliação no sentido usual de *feedback* ou de 360° – esses expedientes podem ser usados –, mas, como liderança, criar oportunidades para ouvir as pessoas que atuam naquela empreitada.

Vale muito, vez ou outra, estabelecer pontes, por meio de perguntas como: "E aí, como você acha que as coisas estão caminhando? Existe algo que precisamos alterar? Você acha que o jeito como estou conduzindo essa atividade está adequado tendo em vista as nossas necessidades?".

Nessas ocasiões, é preciso estar preparado para ouvir até mesmo aquilo que não se aprecia, aquilo que fere a nossa vaidade.

Eu, Cortella, quando fui secretário de Educação da cidade de São Paulo nos anos 1990, além de solicitar a opinião das pessoas que comigo trabalhavam, fazia um pedido adicional: "Não me bajulem". Isto é, não digam que eu sou "o cara", porque, mesmo que isso pudesse ser elogioso, não poderia ser tomado como algo verdadeiro.

Como ninguém é "o cara", se alguém diz isso para mim o tempo todo, primeiro, favorece o meu adversário, porque eu fico iludido, achando que "eu sou o cara". E, segundo, isso prejudica o grupo. Se eu ficar convencido de que sou sempre bom, corro o risco de ficar distraído e deixar de me reinventar, de renovar os modos de ação e de perder o foco naquilo que estou fazendo.

Muitas vezes, eu, por conta das inúmeras atividades como gestor e líder, não tenho tempo útil para fazê-lo; então, tenho de criar situações específicas para que essa oportunidade venha à tona. E uma delas é exatamente provocar essas pequenas conversas, ter capacidade de escutar e avaliar quais são as melhores rotas e em quais eu preciso me reorientar. Essa atitude ajuda a afastar o perigo da arrogância.

A arrogância pode se instalar em qualquer idade, não é privilégio nem da nova geração nem das gerações anteriores, é uma possibilidade humana.

O arrogante, de maneira geral, acha que já sabe, que já conhece, e, por isso, não presta atenção, se distrai. A arrogância bloqueia a possibilidade de olhar algo sob perspectivas diferentes.

Capítulo 3

# ELOS CONTEMPORÂNEOS

Convivência geracional
é fonte de riqueza

No mundo das empresas, existem dois equívocos que surgem com alguma frequência: aquele profissional que tem mais idade supõe que já sabe o que precisa saber e aquele que é mais jovem acha que já sabe tudo o que precisa saber.

Alguém poderia rebater: "Mas isso é a mesma coisa". Não, porque acontecem em tempos diferentes. O de mais idade está convencido de que já sabe tudo que precisa saber porque já viveu bastante. E o jovem, por considerar que detém o conhecimento mais atual e por subestimar a experiência dos que têm mais idade.

As duas posturas são tolas, porque ninguém tem toda a experiência num mundo que muda com velocidade.

Ninguém ganha com essa perspectiva. Nem aquele que chega agora e acha que é fundador do mundo, que já existia antes de ele chegar, nem aquele que, com mais idade, imagina que já deixou o mundo pronto, a ponto de nada mais precisar ser modificado.

Vale observar que todo ser humano sempre viveu na era contemporânea, em qualquer época. Nós somos contemporâneos de todas as gerações que aí estão. Mas nós não vivemos a contemporaneidade do mesmo modo.

Eu sou contemporâneo de um jovem de 20 anos, ele é meu contemporâneo, mas nós não vivemos a contemporaneidade da mesma maneira. Nós estamos no mesmo tempo, não do mesmo modo.

Como bem registrou o escritor fluminense Raul Pompeia (1863-1895) em sua obra mais conhecida, *O ateneu*, de 1888: "Bem considerando, a atualidade é a mesma em todas as datas".

O que é uma liderança inteligente? É aquela que, entendendo que nós estamos no mesmo tempo e que há modos diversos de estar nesse tempo, consegue fazer com que as positividades das experiências reunidas sejam, de fato, um somatório para o desenvolvimento coletivo.

Até porque a liderança deixará de ser uma liderança, em seu conceito essencial, se adotar uma postura de soberba em relação a quem tem menos experiência. "Quem esse menino pensa que é?" ou "nem saiu das fraldas e já está querendo dar instruções." Há uma frase que às vezes faz sentido: "Você chegou agora e já quer sentar na janelinha?". Esse tom crítico pode ser pertinente em algumas circunstâncias, quando o mais novo exibe algum nível de petulância. Mas, em outras, não se aplica.

Em várias situações, eu quis colocar pessoas de menos idade "na janelinha", porque dali elas enxergariam coisas que o meu olhar habituado não estava captando.

Há muitas coisas no mundo cotidiano, especialmente no campo digital, que se eu não contasse com a inventividade e essa rebeldia criativa que uma parcela da nova geração tem, eu não teria dado passos que atualizam a minha presença no circuito em que atuo.

Eu não teria obtido conhecimento para lidar com certas demandas, mesmo sendo alguém que lê, estuda, se informa. Essas pessoas com menos idade permitiram que eu me atualizasse, me sintonizasse com novos modos de fazer as coisas. Elas me reorientaram, e essa troca foi extremamente positiva. De fato, para alguns jovens pode ser precoce "ir na janelinha", mas para outros eu mesmo reservo o lugar na janelinha, pois certamente trarão novos elementos para a minha atualização no mundo.

É importante observar que quem coloca o outro na janelinha não abriu mão da direção. Aliás, normalmente quem está na janelinha não está dirigindo.

Essa questão da convivência intergeracional exige uma atenção especial da liderança. Nos últimos trinta anos, houve uma aproximação muito veloz das gerações. Antes, se calculava em 25 anos o intervalo entre uma geração e outra. Hoje, esse tempo vem se reduzindo de forma drástica. Pessoas nascidas em 1995 não estão no mercado de trabalho nem na escola com os mesmos modos de quem nasceu no ano

2000, porque aconteceu uma série de disrupturas nesse período. Houve, nesses cinco anos, alterações nos padrões de comunicação, de relacionamentos, de conexões.

Um passo decisivo para a liderança lidar com essa complexidade é olhar cada uma dessas formas entendendo-as como um patrimônio, e não como um encargo. As novas gerações não são um ônus com o qual se deve arcar para manter o negócio em andamento. Ao contrário, há muita potencialidade a ser colocada no trabalho conjunto. Essa potencialidade será aproveitada quanto mais a liderança compreender que as coisas não são idênticas a vinte, trinta, quarenta anos atrás.

As gerações que nasceram em 1970 e 1980 chegaram às organizações ainda com a expectativa de fazer uma carreira sólida, de ter um vínculo forte com aquele trabalho, além de serem bastante orientadas para a realização de metas. As gerações que ingressaram mais recentemente, que nasceram nos anos 1990 e já no novo século – entram no mercado de trabalho na condição de estagiários ou *trainees* –, têm no emprego uma perspectiva não de algo que lhes forneça um meio de vida, mas que lhes ofereça realização de vida.

Há, portanto, diferenças de percepção do propósito individual nessas duas gerações mais recentes em relação às anteriores. Essas diferenças ficam marcadas por uma disciplina menor em relação ao mundo adulto, o que pode produzir colisões. Gerações até os anos 1980 tinham uma reverência muito maior às hierarquias. O sucesso na carreira era marcado pela localização no organograma da empresa. Não o é nos tempos mais recentes. Talvez alguns integrantes das gerações recentes sequer tenham ouvido falar em organograma.

Essa diferença na relação com o trabalho pode se mostrar negativa por ter potencial para desorganizar a convivência, pode aparentar insolência, e não liberdade de pensamento.

De fato, existem, no ponto de partida, eventuais dificuldades no relacionamento hierárquico, disciplinar, na falta de compromisso com prazos, horários, uma dedicação menos intensa. Mas há também uma potencialidade positiva, porque essa nova geração pode liberar um nível de energia criativa que reoxigene a empresa. Esses jovens profissionais têm velocidade na resposta a estímulos, têm capacidade de ficar antenados a novos modos de fazer coisas, não se conformam com uma repetição daquilo que já se fazia e são mais questionadores.

Ao observar esses aspectos, uma liderança inteligente encontrará uma maneira de aproveitar essa energia criativa para fazer a empresa avançar, tornar-se mais propensa à inovação.

A título de ilustração, o trabalho deve seguir o mesmo princípio de uma usina hidrelétrica. Para ter energia disponível, é preciso organizar o fluxo de um grande volume de água. Se a água fluir caoticamente, será destrutiva. Mas, ao ordenar as estruturas de modo a conter a evasão da água, haverá aumento de capacidade energética.

A tarefa da liderança, em grande medida, não é represar as novas gerações, mas canalizar esse fluxo de energia criativa para gerar potência.

Outro ponto que a liderança deve equalizar nesse convívio intergeracional é alinhar a leitura das necessidades da organização. Por exemplo, as novas gerações não têm a mesma concepção das anteriores do que é um desafio. Uma parte dessas pessoas mais jovens não mobiliza o seu lado competitivo para o desafio. Para elas, bater uma meta é muito mais uma tarefa a ser executada do que um desafio. Só dizer que têm um desafio não as emociona.

Não que o jovem de agora não seja competitivo, ele até vê quem tem o maior número de seguidores nas redes sociais, quem consegue o maior número de curtidas nas postagens. Mas isso não necessariamente se repete no local de trabalho.

Não basta estipular: "Olha, nós temos de passar de um para dois, esse é um desafio para todos nós e temos de atingi-lo".

Para mobilizar o melhor deles, é preciso deixar claro como aquele desafio se encaixa no todo. Eles precisam ter clareza do propósito. E o farão da melhor maneira se compreenderem que aquela meta precisa ser atingida, porque é importante para o futuro da organização e das pessoas que compõem seus públicos de relacionamento, incluindo o valor que o que é feito agrega à sociedade. Falaremos mais sobre propósito adiante.

As novas gerações são mais questionadoras, e cabe à liderança direcionar esse questionamento para o viés colaborativo, de aclarar os propósitos, pois isso inibirá aquele questionamento que é apenas contestatório (esse tipo de acompanhamento contribuirá também para o amadurecimento desse jovem profissional, embora exija paciência pedagógica).

Essas gerações que chegam questionam mais porque houve uma elasticidade maior nas convivências disciplinares. Nem sempre isso é positivo, porém nem sempre é negativo.

As gerações dos anos 1980 e 1990 passaram muito tempo ouvindo que "era preciso pensar fora da caixa". A nova geração imagina que nem caixa deve haver.

A liderança sábia e resolutiva é aquela que entende e pratica tudo isso e quer também que os outros pratiquem.

Capítulo 4

# O QUE MOBILIZA AS PESSOAS

### Entre o presencial e o virtual vale o proposital

Como ser um líder inspirador no ambiente virtual? Essa inquietação veio à tona com frequência após a instalação da pandemia de 2020. Mas talvez não seja essa a questão principal. Vale retomar o ponto. O fato de contar com pessoas engajadas não está diretamente associado ao modo presencial ou virtual. Diz mais respeito à clareza que essas pessoas têm sobre os motivos que as animam a fazer aquilo que fazem.

A partir dessa premissa, a questão a ser elaborada pela liderança deveria ser: qual é o projeto individual que a empresa oferece e como isso se harmoniza com o projeto coletivo e com o objetivo a ser atingido?

Uma liderança inspiradora, independentemente do meio, sabe que fundamental é estimular aquilo que mobiliza as pessoas para a atividade, para os projetos, para a conquista das metas.

A ideia de que se deve ter apenas a indicação do que precisa ser feito, a sequência de tarefas estabelecidas e um *checklist*, é algo para o campo estrito da administração. Tem a sua importância, para que não haja desperdício de tempo nem qualquer tipo de desordenamento, mas é apenas um modo de controle operacional das ações. Isso, no entanto, é muito diferente de inspirar.

A inspiração vem pela capacidade de a liderança esclarecer continuamente as razões por que se está fazendo o que se está fazendo. Assim como demonstrar qual é a importância de cada pessoa no projeto em curso e indicar quais são os resultados desejados como desdobramento dos esforços que estão sendo empreendidos.

Para que o *melhor* dos colaboradores venha à tona, é preciso iluminar como aquele desafio se encaixa no todo. As pessoas precisam ter clareza do propósito. E dedicarão seus melhores esforços se compreenderem que aquela meta precisa ser atingida, porque ela é importante para a sustentabilidade da organização, para a perenidade dos negócios, para gerar trabalho e renda para mais pessoas na cadeia produtiva, para agregar valor à sociedade. Se essa visão estiver clara, os funcionários terão consciência de que fazem parte de uma empresa que constrói futuro. Organizações com inteligência estratégica não descuidam desse aspecto.

Como eu costumo lembrar, não há um único modo de engajar as pessoas nas organizações. Mas existe um modo infalível de não comprometê-las: é não deixar claros quais são os objetivos, a missão e o projeto de futuro nos quais elas estão envolvidas.

A noção de futuro está intrinsecamente ligada à oportunidade de crescimento que elas ali terão. É esse ponto que torna possível perceber se aquela atividade é vista como um trabalho, que é fonte de realização, ou somente como um emprego, uma fonte de renda.

Todas as vezes em que alguém num local de atividade encontra apenas uma fonte de renda – e não um projeto de vida em que é possível crescer, ir adiante, encontrar realização –, o compromisso é enfraquecido.

Por isso, as lideranças devem adotar medidas concomitantes. Primeiramente, como já dito, deixar claro o propósito do que está sendo feito. Segundo, colocar as pessoas num processo de formação continuada, de maneira que percebam que a empresa investe nelas, e não apenas tirar delas a capacidade de trabalho. Em terceiro lugar, estabelecer a prática do reconhecimento – que não é somente financeiro, também o é – em relação ao que foi realizado. Essas medidas geram sensação de pertencimento, a pessoa não se sente alheia àquilo que produz. Ela é engajada, não é alienada.

Conforme abordada no meu livro *Por que fazemos o que fazemos?* (Planeta, 2016), a ideia de alienação está ligada a uma percepção daquela pessoa que é estranha a si mesma. O filósofo alemão Hegel (1770-1831) usava um conceito especial para entender isso: você não sabe tudo o que você é enquanto não objetiva a sua subjetividade.

Na concepção hegeliana, eu sou uma subjetividade, mas não me conheço. Para eu saber o que sou e por que faço o que faço, será necessário eu me colocar fora de mim, isto é, objetivar a minha subjetividade.

Em outras palavras, eu sou aquilo que sou capaz de ver no que faço. Aquilo que realizo é o que permite que eu me reconheça. Eu só me reconheço naquilo que coloco para fora, como minha obra, minha expressão, minha interação, meu trabalho. E há uma coincidência muito interessante na língua inglesa, em que a expressão *to realize* tem o sentido de "perceber". Eu só me percebo, só sei o que sou, naquilo que realizo. Quando eu realizo, me torno real. *To realize* significa também dar-se conta, isto é, ter consciência daquilo que estou fazendo.

Os latinos tinham duas expressões para designar o outro. Uma era *alter*, de onde deriva "alteridade", que tratava o outro como outro. Mas havia também *alius*, que se referia ao outro não como outro, mas como estranho. De *alius* vieram termos como "alienígena", "alheio", "alien". Todas as vezes, diria Hegel, que eu me torno estranho para mim mesmo, eu estou alienado.

O pensador Karl Marx (1818-1883) falava isso em relação à economia capitalista, mostrando que ela desentranha daquilo que eu faço a mim mesmo. Isto é, eu faço parte de uma máquina. Essa condição, de certa forma, é retratada no filme *Tempos modernos*, de 1936, de Charles Chaplin (1889-1977). Nessa obra dirigida e protagonizada por Chaplin, há uma clássica cena em que ele, um operário, cai dentro da máquina, vai passando por todas as engrenagens e sai vivo do outro lado. A única possibilidade de isso acontecer é quando o indivíduo é parte da máquina. Porque qualquer coisa que fosse estranha à máquina seria por ela expelida. Mas a personagem atravessa e sai ilesa. Uma cena emblemática do que poderia ser chamado de alienação, pois expressa a ideia de "eu sou parte da máquina", "eu sou uma peça nessa engrenagem".

Há grande diferença entre "fazer parte" e "ser parte"; a primeira indica atividade, enquanto a segunda sugere passividade, dado que, enquanto uma é mais ativa (fazer), a outra é mais passiva (ser). Portanto, uma liderança inspiradora é aquela que anima a condição do que movimenta as pessoas, ativa as pessoas para ativas serem, independentemente de estarem no presencial ou no virtual.

Há que se admitir, contudo, que no virtual essa condição fica um pouco mais difícil de ser elaborada, porque os contatos se dão dentro de um tipo de plataforma com a qual nós não estamos completamente habituados. Nós ainda somos muitos incipientes no uso de certas tecnologias. Durante 2020, em atividades on-line, como reuniões ou debates, em que havia várias pessoas na tela ao mesmo tempo, buscávamos a conduta mais adequada para aquela situação.

Se alguém aparentasse estar distraído, enquanto participava da atividade, olhando para o celular, ou algum canto do ambiente, poderia dar a sensação de falta de comprometimento. Mas essa impressão talvez não fosse necessariamente verdadeira. O fato é que ainda estamos nos inteirando dessa nova etiqueta.

Exemplo na minha trajetória de professor e palestrante: antes do surgimento dos *smartphones*, o celular tinha quase como tarefa exclusiva fazer ligações. Havia a possibilidade de servir também como um bloco de notas. Em várias palestras presenciais, eu notava o nível de atenção pelo número de pessoas que não pegavam o celular. Até 2009, qual seria a razão de pegar um celular no meio de uma aula ou da palestra? Ninguém iria fazer uma ligação no meio do público. Algumas pessoas claramente faziam anotações, por isso alguém de cabeça baixa teclando o aparelho me sugeria um sinal de interesse no conteúdo, não o contrário.

Depois, nos primeiros anos do uso da internet nos celulares, quando eles se tornaram *smartphones*, alguém com uma luminosidade vinda de baixo para cima, que eu enxergava do palco ou da sala de aula, poderia indicar distração, portanto alguém fazendo outra coisa, não interessado naquilo que eu estava falando. Pode-se perguntar: "Como dificultar isso?". Posso fazê-lo de dois modos: ou tirando o celular de cada pessoa ou fazendo com que a atividade, como palestrante ou professor, seja tão relevante que ninguém queira se distrair.

No campo virtual, nós ainda não ganhamos a familiaridade com a observação das faces das pessoas na maneira como elas reagem. Aquilo que aparenta ser distrativo pode ser o modo como a pessoa está anotando algo. Por isso, é conveniente adotar cautela antes de julgar.

Estamos ingressando cada vez mais, em muitas áreas, no ambiente virtual para trabalhar. Mas ainda há uma experimentação em relação a como deve ser a nossa conduta.

Desde o advento da internet, alguns códigos foram facilmente assimiláveis. Mensagens escritas em letra maiúscula, por exemplo, simulam que o emissor está gritando com alguém. Já alguns emojis suscitam diferentes interpretações. A própria mensagem escrita reduz um pouco a capacidade de interpretação de quem a recebe. Uma frase curta no aplicativo pode dar a entender que a pessoa estava brava ou lacônica ou desinteressada, quando pode ter respondido daquele modo apenas porque estava apressada. São sinais dos nossos tempos.

Os contatos virtuais são um território propício a ruídos. Um caminho para minimizar o risco de acontecerem é combinar previamente o modo de condução da atividade. Se sou alguém que está dirigindo uma atividade virtual, como uma reunião de trabalho, não terei motivos para ficar ofendido se as pessoas estiverem agindo conforme o combinado.

É permitido que alguém consulte o celular durante a atividade? É possível que alguém se ausente para lidar com alguma necessidade do lar, como atender ao interfone? É possível desativar a câmera durante o encontro? A combinação em torno de questões dessa natureza diminui a probabilidade de atritos desnecessários e contribui muito para a construção de uma etiqueta para aquele grupo.

No que tange à liderança, a exemplaridade é decisiva. Se eu sou a pessoa que tem a tarefa de gerir uma atividade, de conduzir um trabalho, a forma mais expressiva de eu fazê-lo é me comportar como considero que precisa ser o comportamento de qualquer membro daquela equipe.

A exemplaridade não pode, de modo algum, ser colocada como secundária. Como diz a antiga frase: "O exemplo não é um dos modos de ensinar, é o melhor dos modos de ensinar".

Outro papel fundamental da liderança é valorizar e reconhecer o indivíduo sem perder a perspectiva do coletivo. O líder é aquele que consegue fazer a equipe se desenvolver. Quando ele cresce, a equipe cresce com ele. Aquele que é capaz de fazer isso sabe que a equipe vai respeitá-lo, inclusive se necessário for contar com um esforço a mais.

Aliás, como costumo lembrar, o poder é para servir, e não para se servir. Um poder que se serve, em vez de servir, não serve.

Como refletiu a influente filósofa Hannah Arendt (1906-1975): "O poder nunca é propriedade de um indivíduo; pertence a um grupo e permanece em existência apenas na medida em que o grupo se conserva unido".

O poder exercido por uma liderança é um poder a serviço de uma obra coletiva. Os liderados percebem que vão crescer junto, pois essa é uma das missões essenciais de quem lidera. Quando se chega a essa condição e essa percepção é compartilhada, o vínculo é fortalecido.

# III

# PROTAGONISMO

## Uma atitude favorável

## Capítulo 5

# SABER E FAZER A HORA

*Proatividade é ir buscar em vez de aguardar que algo se realize*

Empreendedorismo é uma forma de agir com protagonismo. É a atitude que caracteriza a pessoa que toma iniciativa, aquela que vai buscar em vez de aguardar.

A palavra "protagonista" tem o antepositivo "pro", que significa "a favor" (e também "diante de"). A ideia de protagonista diz respeito àquele que faz uma ação a favor de si em vez de ser apenas reativo. Por conta desse mesmo prefixo, vale reparar que as palavras "proatividade" e "protagonismo" guardam semelhanças conceituais entre si.

O termo "protagonista" carrega a expressão no grego antigo *agonia*, que significa "luta". Uma pessoa protagonista é aquela que luta a favor de si mesma. Evidentemente, todo protagonista tem um antagonista, aquele contra quem se luta. No caso da pessoa que mantém uma atitude passiva, acomodada, o antagonista é ela própria, pois, em vez de empreender, de levantar, de ir atrás, se limita a aguardar o comando.

O empreendedor se notabiliza pela atitude proativa. É aquele que se coloca na condição de sujeito daquilo que faz. Seja na atividade que desempenha, no negócio que administra, na área que coordena.

Antigamente, circulava no ambiente escolar a expressão "tarefeiro". Era usada para designar aquele aluno que cumpria todas as tarefas, fazia os deveres, mas não ia além da obrigação. Não buscava outra fonte, não fazia questão de ampliar o repertório, não se interessava por outros assuntos. Restringia-se apenas ao cumprimento da tarefa. Claro que era preciso dar conta dos deveres de casa ou dos exercícios passados em sala de aula, mas só isso não era suficiente para aprimorar a própria formação.

No mundo do trabalho ninguém pode ser apenas tarefeiro, porque essa postura impede a criatividade, o avanço, o desenvolvimento. Essa atitude corta o fluxo de vitalidade de uma organização.

Empreender, é importante ressaltar, não é sinônimo de sair fazendo, sem planejamento, apenas na base da motivação. Isso não é empreender, isso é ser impulsivo. Ter ânimo para fazer as coisas é uma condição positiva, mas partir para uma empreitada de forma atabalhoada eleva o risco de resultados negativos.

Há uma frase clássica que diz que "nada é mais perigoso que um incompetente com iniciativa". Esse tipo de indivíduo pode, sim, representar uma ameaça para uma empresa, porque, ao supor-se protagonista, se lança sem o devido preparo. Como consequência, se expõe com vulnerabilidades.

Empreender de maneira impetuosa pode até sugerir alguma energia, mas isso não basta para ser bem-sucedido.

"Não podemos ficar parados! Vamos que vamos!" Não é desse modo que o sucesso acontece. É preciso organizar-se, traçar cenários, aprimorar competências individuais e coletivas, estruturar o suporte, avaliar os riscos e as oportunidades, ter um plano B e um plano C, no caso de eventuais reveses. A iniciativa não pode ter como origem o impulso inconsequente.

Cabe lembrar que, embora a noção de empreender seja frequentemente conectada à condução dos negócios – também o é –, a atitude empreendedora diz respeito a várias práticas ligadas ao trabalho. Pode-se empreender a própria carreira, empreender para a elevação do conhecimento, empreender para o atingimento de metas, empreender para a obtenção de maior lucratividade, rentabilidade, produtividade e competitividade dentro de um mercado.

Empreender significa ir buscar em vez de aguardar passivamente que algo se realize.

Dois exemplos da nossa música popular brasileira ajudam a reforçar a diferença entre essas atitudes. O primeiro, que não cabe ao empreendedor, é "Deixa a vida me levar", cantada por Zeca Pagodinho (obviamente o exemplo deve ser tomado no contexto aqui tratado, pois, como canção, é uma ótima trilha para ocasiões de lazer, um churrasco, uma confraternização).

Isso é esperar que aconteça, é ficar passivo, ao sabor dos ventos.

Dentro da reflexão sobre empreendedorismo, mais adequados seriam os versos "quem sabe faz a hora, não espera acontecer", presentes na música "Pra não dizer que não falei das flores" (conhecida também por "Caminhando"), de Geraldo Vandré. Nesse sentido, a atitude empreendedora é fazer a hora em vez de esperar acontecer. E, claro, sempre com a competência para fazê-lo.

Na literatura, o escritor mineiro Guimarães Rosa (1908-1967) dizia: "Passarinho que se debruça, o voo já está pronto". A disponibilidade é agachar-se, a atitude é decolar, a clareza é ter um rumo, a competência é saber voar.

Como a impulsividade pode ser um voo perigoso e desgovernado, é preciso preparar-se antes da decolagem. Mas temos sempre de considerar a perspectiva de que todo empreendedor lida com riscos. Afinal, nós não atuamos em uma realidade sobre a qual temos todo o controle.

A vida em geral e especialmente o mundo dos negócios congregam uma inter-relação de variáveis. Nós até temos consciência da eventual ocorrência de algumas dessas variáveis, mas, mesmo assim, não as dominamos todas.

Em relação ao mundo, temos uma autonomia relativa. Eu posso ter uma ideia clara do que quero fazer, contar com os meios disponíveis para avançar e ter a competência para seguir na direção desejada. Essa conjunção de fatores é fundamental, mas não é garantia de sucesso. Até porque os riscos existem.

Não é casual que instituições financeiras tenham uma área de análise de risco. Ao fazerem o planejamento contábil, preveem a possibilidade de que o risco se concretize. Nesse sentido, levam em consideração a hipótese de alguma perda e, sobretudo, concebem mecanismos para compensá-la, caso venha mesmo a ocorrer. Também seguem essa lógica ao estruturar um empréstimo ou um financiamento de um negócio. O cálculo da parcela inclui alguma espécie de "seguro" para cobrir um eventual prejuízo. Do contrário, a estrutura toda pode ficar comprometida.

Criar mecanismos de proteção é um sinal de inteligência. Se isso vale para essa área de negócios, vale também para as pessoas. O fato de eu conhecer as variáveis envolvidas em algo que desejo fazer, embora não seja uma garantia do sucesso, me deixa preparado até mesmo para a possibilidade de insucesso. Eu tenho que ficar numa posição cautelar, imaginando que não é apenas porque desejo intensamente algo que isso vá acontecer. Só o fato de ir buscar também não significa que serei bem-sucedido na empreitada. Existem forças intervenientes que podem ter efeito sobre aquilo que eu desejo conquistar.

Seria arrogante supor que, só porque sabemos fazer algo muito bem, a atividade será imune a falhas. No planejamento, eu organizo as ações para que algo aconteça, sabendo que aquilo não necessariamente terá o resultado naquele modo ou mesmo em sua completude. Eu preciso inclusive estar preparado para alterar a rota, caso haja contratempos ou obstáculos recorrentes.

Se eu sou alguém que precisa empreender e sei que há uma série de fatores que são simultâneos à minha ação, quanto mais eu estiver preparado para fazer aquilo, quanto maior a nitidez de aonde desejo chegar, quanto mais eu dispuser de meios para que seja feito, maior a possibilidade de êxito.

Quando eu preciso avaliar o risco para oferecer um suporte a alguém ou mesmo para dar prosseguimento àquilo que eu estou fazendo, é necessário entender que nada é isento de risco, mas também nada é só risco. Ele existe, mas deve ser olhado com cautela, inteligência, percepção estratégica.

Uma pessoa que inicie uma atividade sem imaginar a possibilidade de se equivocar está sendo vítima de uma autoilusão. Não pode enveredar por um caminho supondo que nada vai funcionar, tampouco pode fazê-lo achando que tudo vai funcionar às mil maravilhas.

Um dos lemas da sabedoria popular que mais aprecio e sigo em vários momentos da vida é: "Deseje o melhor e prepare-se para o pior". Isto é, o ponto de partida tem de ser um desejo em que o melhor esteja no horizonte. Mas é preciso estar preparado caso o pior aconteça.

Isso vai fazer com que a pessoa tenha energia suficiente para estar sempre em busca do melhor, mas não fique distraída a ponto de ser pega de surpresa, sem possibilidade de reação, caso algo negativo aconteça.

O risco nos acompanha assim que chegamos ao mundo, desde a nossa primeira infância. Qual é a condição mais confortável quando se é um bebê? Estar no berço, deitado. Um tempo depois, o bebê já fica em pé, apoiado nas beiradas, mas ainda está numa margem de segurança dentro do berço. Quase não há risco ali. Mais tarde, quando ele for dar os primeiros passos, terá de sair daquele pequeno mundo protegido. No começo, o pai e a mãe, cada um de um lado, soltam o bebê e ele vai cambaleando, às vezes cai, toma um susto. Aí quem o acompanha faz algo especial: o estimula dizendo: "Vamos, isso acontece"; dá risada, bate uma palma. O bebê levanta e: "Vamos de novo".

É um aprendizado para lidar com o risco, em que se sai da zona de conforto, passa por alguma instabilidade, mas não fica possuído pelo apavoramento e segue em frente.

Não há atividade isenta de risco. A prática de alguns esportes, o uso de alguns equipamentos, voar de avião, dirigir um carro, andar de bicicleta, tudo isso tem um risco inerente. Ora, eu posso olhar esse risco como algo impossível de ser enfrentado ou posso me preparar para fazê-lo. Uma pessoa que pratica exercícios sabe que existe algum risco ao fazê-los, assim como há um imenso risco em não os fazer e ser um indivíduo sedentário.

Um dos aprendizados mais valiosos que tive ainda criança foi compreender que o medo pode ser um aliado. Mais tarde, fiz questão de passar essa ideia para os meus filhos e netos. O medo não pode paralisar, mas ele deve servir para nos deixar atentos, prevenidos. Alguém que diz nada temer torna-se absolutamente vulnerável. Eu fico apreensivo quando alguém diz alguma bravata como: "No meu vocabulário não existe a palavra 'medo'". Quem fala assim costuma não se acautelar.

O empreendedor deve compreender que o risco faz parte da empreitada, portanto o fracasso é uma possibilidade, mas não é uma obrigatoriedade. E ele precisa ter em mente também que a única maneira de sair de onde está, de avançar, é seguir caminhando.

Levar o risco em consideração é um sinal de lucidez. É saudável temer o risco, somente no sentido de cautela e de aprimoramento da preparação, jamais de paralisia ou inércia.

Capítulo 6

# PROTAGONISMO EM CONJUNÇÃO

Empreende melhor quem
está em boa companhia

A ideia de oportunidade aparece quando a pessoa tem a sabedoria para achar o vento favorável. Porém mais sábio é aquele que vislumbra que, após o vento, pode vir uma tempestade. E mais sábio ainda é aquele que reconhece o poder das tempestades, mas não é pela existência delas que deixa de navegar.

O planejamento do empreendedor tem de ser semelhante a um mapa de navegação, que prevê a possibilidade de intempéries, e não a um folheto turístico, que evoca apenas as belezas, aquilo que é encantador. Há uma reflexão antiga que diz que a tarefa da filosofia se assemelha a um farol no mar. A função do farol não é indicar caminhos, mas alertar para perigos. O farol não diz para onde você deve ir, essa é uma escolha sua. Ele apenas sinaliza que ali é perigoso. Portanto, ele não diz: "Não faça", ele diz: "Cuidado se fizer".

Nesses processos decisórios, é bastante recomendável contar com pessoas que funcionem como faróis. Pode ser seu mentor, seu colega, seu sócio, seu líder. Ter gente capaz de orientar: "Acautele-se, observe isso, preste atenção naquilo".

São movimentos dessa natureza que trazem a percepção de que crise e oportunidade são noções que se aproximam. Passamos a perceber que a oportunidade pode conter a possibilidade da crise. E que a crise pode ser entendida como um momento de elevação de um patamar. A palavra "crise" tem origem no sânscrito. *Cria* significa "purificar", "depurar", "limpar". Crise é aquilo que faz com que tenhamos de separar o que tem vitalidade e descartar o que é danoso, que desgasta, que exaure a energia.

No idioma alemão, existe a palavra *aufheben*, que tem múltiplos sentidos. A depender do contexto, pode significar "negar", "proteger" e "elevar". Olha que expressão maravilhosa! Todas as vezes em que é preciso encarar uma crise, há coisas que você precisa negar, isto é, descartar; outras que precisa proteger, cuidar para que sejam preservadas; e outras que precisam ser elevadas, ou seja, alteradas para um estado qualitativo superior.

Outra competência fundamental do empreendedor é ter clareza de quais são as metas, para não sair sem foco atrás das coisas. Também necessita ter nitidez de qual é a razão daquilo que faz. Sempre que o propósito daquilo que é realizado estiver claro, qualquer esforço empreendido naquela atividade fará sentido.

Toda vez que a pessoa compreende os motivos pelos quais algo realiza, quando tem clareza do que aquilo acrescenta à existência dela, o sentimento de autoria vem à tona. Ela não faz apenas por fazer, não faz de maneira automática, robótica. Ela se reconhece naquilo que faz. Por isso, considero especiais as pessoas que se preparam e são capazes de ser autoras da própria trajetória.

Vale sempre ressaltar que empreender, ser protagonista de uma atividade, não significa prescindir do trabalho em equipe. Cada vez mais no mundo das empresas é preciso estar com outras pessoas. Protagonismo não é individualismo. O protagonismo não anula a articulação entre grupos, times e demais arranjos de relações coletivas.

A própria dinâmica do trabalho em equipe demanda a conjunção de protagonismos. Um time que congrega empreendedores costuma obter um nível de sucesso muito maior do que aquele que conta com apenas um indivíduo com atitude empreendedora. A premissa é de que, naquela junção de pessoas, acontece um compartilhamento mais intenso de inspirações, de estímulos e de competências para que as expectativas se concretizem.

Mesmo que a tarefa tenha sido colocada por outra pessoa, o profissional que tem o perfil empreendedor a toma para si. Uma postura que alguns chamam de "espírito de dono", que significa assumir aquele objetivo. Ele vai realizar não apenas porque alguém estabeleceu – também por isso, no sentido de que a hierarquia ordena o trabalho –, mas especialmente porque fazer aquilo representa algo de bom para o coletivo. Se é bom para o coletivo, é bom para ele e, consequentemente, fortalece aquela comunidade de trabalho.

Por isso, o conceito de empreendedorismo, numa coletividade, está intrinsecamente ligado à noção de comprometimento. A própria palavra expressa essa condição: "comprometer" é "prometer com os outros". Um compromisso é aquilo que eu tenho como missão com outras pessoas, aquilo que faremos juntos. E isso implica reconhecer a autoria de todos naquela obra.

Os esportes coletivos nos dão exemplos emblemáticos nesse aspecto. Nas corridas de revezamento, o último dos quatro atletas é o que cruza a linha de chegada, mas os outros três que passaram o bastão também são reconhecidos. O mesmo acontece nas provas de revezamento na natação. O reconhecimento não vem só para aquele que cruzou a linha de chegada ou para aquele que bateu por último na borda da piscina, mas para todos os que contribuíram para que o êxito acontecesse daquele modo.

O que é uma empresa? O que é um ambiente de trabalho? É um grupo em revezamento contínuo. Então, para que o estímulo permaneça energizando as pessoas, todos os que carregaram o bastão, e não apenas aquele que cruzou a linha de chegada, devem ser lembrados. Ter a contribuição reconhecida fortalece a sensação de pertencimento, de adesão àquela causa e de que a atividade desempenhada tem impacto no resultado coletivo.

Um grupo, uma equipe, uma área, trabalha melhor quando se mobiliza de maneira integrada e quando se empenha em fazer o melhor, pois isso lhe traz gratificação.

Como lembro sempre, melhor não é uma gradação, é uma atitude. Gradação é "ótimo", "bom", "regular" e "ruim". Fazer melhor é uma busca para elevar o nível daquilo que já se faz. E, quando isso acontece, a sensação de gratificação vem à tona. Há pessoas que usam uma expressão encantadora: "A grande paga de um trabalho é tê-lo feito". Isto é, a maior recompensa por esse trabalho foi tê-lo realizado.

Evidentemente, essa expressão não anula a necessidade do retorno econômico-financeiro justo e das boas condições para a execução do trabalho. Mas ela carrega um sentido um pouco mais profundo, que é a ideia de que o grande reconhecimento por um trabalho feito é o de realização, isto é, a satisfação pela obra concluída. Aquilo que dá orgulho contemplar e saber que ali está a marca da sua contribuição.

Numa organização, não basta dizer a alguém: "Empreenda". É preciso, para adensar os níveis de maior satisfação, que se criem as condições de permeabilidade para que a pessoa não só se sinta à vontade para fazer, mas sinta vontade de fazer. Ela precisa ficar confortável, sentir: "Aqui eu posso ser empreendedor e ter o desejo de fazer as coisas". E por que teria o desejo? Porque é bom realizar algo, contribuir para uma elevação da condição coletiva, deixar a marca naquilo que faz e ser reconhecida por esse talento.

Isso não significa ter o reconhecimento exclusivo, mas com outros profissionais com quem aquele esforço foi compartilhado. O empreendedor precisa ter o espírito de companheirismo. Não é casual que um sinônimo para "empresa" seja "companhia". De origem latina, essa expressão era dada na Idade Média à tripulação de uma embarcação. Por quê? O pão era um dos poucos alimentos que tinham mais durabilidade durante a navegação. Logo, "companhia", de onde derivam "companheiro" e "companheira", significa "aquela pessoa com quem reparto o pão". Portanto, aquele com quem ganhamos o pão, com quem repartimos a vida.

É nessa circunstância que a sinergia positiva acontece. Quando o companheirismo pauta as relações e o trabalho é partilhado de maneira justa entre os integrantes da equipe, o resultado é maior do que a simples soma das partes. Isso se dá porque as pessoas se comprometem e ficam propensas a dar o melhor de si, a se tornarem mais colaborativas e a ir além da mera obrigação.

Um dos exemplos mais bonitos que eu conheci nesse sentido foi o do grupo de circo canadense Cirque du Soleil. Afora a estupenda capacidade artística dos espetáculos, sempre houve um show de trabalho integrado ocorrendo paralelamente nos bastidores. Quando o malabarista termina a apresentação dele, por exemplo, em vez de ir para o camarim, fica no backstage ajudando os próximos artistas que entrarão em cena. O palhaço, quando sai, ajuda a pegar os malabares ou a rolar os tambores que serão utilizados pelo equilibrista. O artista que acaba de ser o foco da atenção continua apoiando o grupo para que todos tenham o melhor desempenho.

O artista sabe que brilha naquele número que apresenta, mas não brilha sozinho naquela trupe. Aliás, a beleza de um circo está justamente na multiplicidade de pessoas, na variedade de atrações, na diversidade de talentos que apresenta ao público.

Um artista pode até se achar a estrela da companhia, mas ele não brilha sozinho. Porque, embora ele seja estrela, vida é constelação.

# IV
# PLANEJAMENTO

Competências para o desenvolvimento

Capítulo 7

# UMA CAPACIDADE DECISIVA

À procura dos melhores

traçados

A sabedoria popular produziu uma das frases mais inteligentes que conheço: "Quem não planeja faz duas vezes". Essa sentença enfatiza que o planejamento evita trabalho repetido e desperdícios de tempo, de energia e de recursos.

Evidentemente, uma ação bem-sucedida não acontece apenas por causa do planejamento, mas sem ele as chances de alcançar o resultado almejado ficam reduzidas.

Se observarmos a nossa trajetória, a capacidade de planejar foi decisiva para a sobrevivência da espécie humana. Do ponto de vista estritamente biológico, nós seríamos "inviáveis". Na comparação com outros animais, somos mais frágeis, mais lentos, não temos tanta força (a formiga tecelã asiática, por exemplo, suporta carregar cem vezes o peso dela), não somos capazes de ficar muito tempo submersos, não voamos por meios próprios...

Temos várias vulnerabilidades e, ainda assim, conseguimos sobreviver a uma vasta gama de adversidades. E muito por conta de termos desenvolvido uma capacidade especial: a de antecipação. Grande parte do nosso sucesso como espécie se deve à nossa competência de "projetar". A noção de "jetar", seja em latim seja em francês, significa "lançar", daí vêm palavras como "projétil", "projeto". Aquilo que é lançado antes, de agora para o futuro. Portanto, aquilo que você organiza, estabelece uma ordem.

Isso serviu para suprir algumas demandas, entre elas a de deixar o corpo vivo. Os momentos mais perigosos para qualquer animal são aqueles em que ele dorme, se alimenta e mata a sede. Porque o predador aguarda o momento de distração da presa. Na nossa natureza como primatas, uma das tarefas mais complicadas era matar a sede. Durante milhares de anos, fizemos como os outros animais, íamos até a fonte e voltávamos para o abrigo. Corríamos risco nesse trajeto.

Houve um momento em que nós, por necessidade e por capacidade adquirida no processo evolutivo, conseguimos trazer a água até nós, reduzindo a exposição aos riscos. Pouco a pouco, fomos desenvolvendo meios de prover esse abastecimento. Tivemos a brilhante ideia de estocar. Desse modo, trazer a água e guardá-la conosco exigiu de nós planejamento.

O caminho para a sobrevivência era administrar recursos para poder utilizá-los conforme a necessidade. Ao aprimorarmos o nosso raciocínio, tivemos condições de saber quais eram as nossas necessidades, quanto tempo os recursos durariam e o que deveríamos fazer no caso de uma escassez ou rarefação.

Esse princípio vale até hoje. O planejamento é decisivo para a sobrevivência de qualquer estrutura humana. Ele nos capacita a evitar desperdícios, a reduzir o desgaste na execução de uma determinada atividade e a aumentar a chance de êxito naquilo que pretendemos realizar.

Por vezes, nas empresas, algumas pessoas reclamam do planejamento, alegando que ali gasta-se muito tempo "planejando" em detrimento da execução. O planejamento é sempre um ganho de tempo. Só será perda de tempo se for malfeito, se não examinar com rigor os caminhos possíveis, se não elencar os meios necessários para atingir as metas, se desconhecer o contexto em que está inserido, se deixar de observar o movimento da concorrência, se estipular prazos e metas inexequíveis.

O planejamento está na área da ciência, não da magia ou da adivinhação. Planejar não é adivinhar o futuro, mas, a partir de fontes confiáveis de informações, estabelecer caminhos que serão seguidos, com os meios necessários para atingir as metas. Não é, portanto, na base do: "Olha, gente, vamos tocando".

Obviamente, planejamento não é feito para ficar no plano teórico. É preciso disciplina para cumprir o que foi estabelecido. Convém lembrar que disciplina é a organização da liberdade. Uma pessoa disciplinada, organizada, tem mais possibilidade de sucesso, seja porque ela economiza energia, seja porque fica com mais tempo disponível para se dedicar ao que precisa ser feito. A disciplina organiza a liberdade em vez de restringi-la.

Um bom pronto-socorro só funciona se tiver um bom planejamento. Por isso, há identificação em todos os armários. Já imaginou se, numa situação emergencial, o profissional que está te atendendo tivesse de ficar abrindo gaveta por gaveta para localizar um determinado medicamento, uma ampola, um curativo?

Disciplina não é sinônimo de rigidez. Um planejamento inteligente organiza a atividade, com a possibilidade de flexibilizá-la. Um planejamento tem de ser flexível, o que é diferente de ser volúvel. O escritor latino Públio Siro (85 a.C.-43 a.C.) tem uma expressão contundente a esse respeito: "Um plano que não pode ser mudado não presta".

O planejamento flexível considera a possibilidade de alteração da rota sem sair do eixo. Um planejamento volúvel é aquele que muda a qualquer sinal de instabilidade. A flexibilidade é a possibilidade de alterar a estrutura e os modos de fazer, desde que se saiba aonde se quer chegar.

Isso vale também para o âmbito individual. O fato de eu planejar o meu dia, as minhas atividades, a minha carreira, os meus negócios, não significa que eu fique atado a eles ou condicionado a ir somente na direção traçada. Muitas pessoas usam um argumento curioso: "Eu vou deixando acontecer. Tenho a minha intuição e na hora vejo como vai ser". Isso pode até dar certo em algumas situações, mas não sempre.

Quem não for capaz de antecipar, de imaginar, de projetar, dificilmente conseguirá um resultado mais expressivo. Aliás, geralmente, as pessoas só se convencem da importância do planejamento quando a conexão com o resultado positivo fica evidente.

Se o planejamento, por si só, não é garantia de sucesso, tampouco é imune a erros. Hoje, com a complexidade do mundo, é necessário considerar diversas variáveis, sendo que algumas delas nem sempre podemos controlar. Mas um aspecto positivo da organização do tempo é justamente permitir a correção de rotas ou a retomada do fôlego.

É preciso contar com a possibilidade de algo dar errado no percurso, e ter no planejamento uma reserva de tempo para corrigir a rota. Do contrário, fica-se vitimado duas vezes pelo erro. Ele atingiu você e você não teve como recriar, reorganizar a empreitada. Por isso, a organização do tempo que o planejamento oferece é também restaurativa.

Há uma famosa expressão vinda da área militar, aplicável a outras atividades, que é "margem de manobra". Em quantas situações, se tivesse um pouco mais de tempo, você não teria encontrado uma solução melhor? O problema é que nem sempre, no calor do momento, se tem esse recurso à disposição. Por isso, é preciso ter um planejamento detalhado, que permita alguma sobra de tempo para lidar com eventuais contratempos.

Vez ou outra, eu gosto de acompanhar algumas dessas competições televisivas na área de culinária. Há sempre uma luta contra o relógio. Claro que se trata de um entretenimento, mas é interessante notar algumas características do competidor que se dá bem naquele tipo de prova. A primeira, evidentemente, é criatividade na concepção e execução dos pratos. E outra bastante decisiva é a capacidade de correção quando alguma coisa desanda. Mesmo diante de um fato inesperado, o cozinheiro consegue contornar o incidente e produzir o encantamento necessário no campo da gastronomia.

Vale observar que isso só foi possível porque o competidor tinha recursos à disposição e algum tempo de sobra, por já ter organizado previamente cada tarefa. Por isso, esse exemplo ilustra como o tempo dedicado ao planejamento nunca é tempo desperdiçado.

Quando se planeja qualquer empreitada é preciso ter em mente que não há uma correspondência direta entre o que desejamos e aquilo que vai se tornar realidade. Essa relação de causa e efeito se dissolve justamente porque existem variáveis que não estão sob o nosso domínio. E mesmo aquelas que estão podem escapar do nosso controle, por alguma falha, alguma distração, alguma perda de foco.

Certa vez, eu estava numa atividade extremamente prazerosa, diante de uma paisagem magnífica. Peguei meu celular para tirar uma foto. Tudo estava sob controle, eu estava desperto sobre uma superfície firme e não havia nenhum tipo de tremor. Mas, ao levantar o aparelho, ele escorregou da minha mão, bateu no chão e a tela trincou. Na hora em que ele caiu, pensei: "Por que eu não coloquei uma capa adicional, além da película do celular?". Eu não sei se teria quebrado ou não com a capinha emborrachada ou de silicone, mas certamente aquele acessório diminuiria o impacto sobre o aparelho.

Todo esse tipo de raciocínio *a posteriori* tem um nome: arrependimento. Mas ele tem um segundo nome: aprendizado. O arrependimento é necessário. Aquele que não se arrepende não tomou consciência de que cometeu um equívoco. Só um tolo não se arrepende. Entretanto, o arrependimento não pode ficar circunscrito a si mesmo, senão ele paralisa ou torna-se apenas um sofrimento.

O arrependimento tem de ganhar uma energia positiva e transformar-se em aprendizado. Como eu alerto com frequência: nós não aprendemos com os erros, mas com a correção dos erros.

Nesse sentido, qual foi a minha lição? Assim que eu arrumei o meu aparelho, providenciei a capinha protetora. Eu poderia cometer a mesma tolice. "Ah, estatisticamente, a probabilidade de eu derrubar um celular desse jeito é uma em 1 milhão. Duas vezes seria quase uma impossibilidade estatística." Mas não é assim. Se aconteceu uma vez, sem qualquer risco iminente, o que impede que o evento se repita? A ideia de que o raio não cai duas vezes no mesmo lugar não é verdadeira. Ele pode cair, sim. Transformar o arrependimento em aprendizado é uma atitude inteligente.

Outro exemplo emblemático é o da escola de samba. Parte do sucesso de uma agremiação vem do planejamento. Seria inimaginável colocar por volta de 2,5 mil integrantes para atravessar a avenida, com várias alas contando um determinado enredo, em até 75 minutos cronometrados, sem um apurado trabalho de planejamento. Afinal, cada integrante deve estar conectado com a evolução da ala e cada ala deve estar conectada com a evolução da escola como um todo.

Isso é tão importante que, durante o desfile, alguns líderes circulam pelas alas para garantir o bom andamento da escola dentro do tempo estipulado.

Não é à toa que muitas pessoas classifiquem o desfile das escolas de samba como o maior espetáculo da Terra. Também pelo fato de ser um espetáculo de planejamento. Se a escola não cumprir corretamente o planejado, ela desce de posição.

Qualquer semelhança com o mundo das empresas não é mera fantasia.

Capítulo 8

# VISÃO ANTECIPADA, VIVÊNCIA REFLETIDA

*A perícia de articular saberes*

O planejamento não garante o bom resultado, mas o fracasso em grande medida resulta de um planejamento mal-estruturado.

Os gregos antigos tinham em seus exércitos o cargo de *estratego*, equivalente ao de um general. Ele era o responsável pelo planejamento antes de a batalha acontecer. Era incumbência do estratego ir ao local onde o enfrentamento aconteceria para calcular uma rota de fuga, avaliar a estrutura de abastecimento das tropas, prever emboscadas.

Esse general estrategista, evidentemente, não conseguiria adivinhar o futuro, mas ele tinha de antecipar, visualizar e, aí sim, traçar o planejamento das tropas para o combate.

Como mencionado, a pessoa proativa é aquela que tem a atitude de estar o tempo todo preparada, em estado de prontidão. A pessoa que é meramente reativa nem sempre consegue oferecer as melhores soluções porque age de acordo com o momento. É preciso ser capaz de reagir com velocidade, mas com uma inteligência prévia.

Planejamento tem a ver com visão antecipada, criada a partir da vivência refletida, que permite uma avaliação mais apurada das condições que nos cercam e nos sinalizam o passo seguinte, que pode ser até mesmo recuar, esperar outro momento mais propício, refazer a estratégia.

As pessoas que têm capacidade de usar o seu somatório de experiências e, ao meditar sobre elas, transformá-las num patamar mais elevado de conhecimento identificam "como fazer" e "quando fazer".

As pessoas que consideramos afortunadas, contempladas pela sorte, são aquelas que têm coragem de buscar a ocasião. Mais que isso, têm a habilidade de recorrer ao inventário de experiência meditada para darem o primeiro passo na direção que vislumbraram. Não é casual que o poeta norte-americano Robert Frost (1874-1963) tenha certa vez comentado: "Quantas vezes trovejou antes que Franklin compreendesse o sinal? Quantas maçãs caíram na cabeça de Newton antes que compreendesse o sinal? A natureza está sempre a nos mandar sinais, um depois do outro. De repente, nós compreendemos o sinal".

Essa capacidade de observar os fenômenos à nossa volta e a interligação entre eles é que possibilita visualizar as oportunidades. Essa perícia nos alerta também de quando não é hora de prosseguir.

Ao contrário do que algumas pessoas pensam, o planejamento não inibe a criatividade. Quantas vezes, no mundo corporativo, nos vemos diante da situação de termos de falar de improviso, de fazer uma apresentação de última hora? Quanto mais estivermos preparados, quanto mais conhecimento detivermos sobre o assunto, quanto mais cultivarmos o hábito de preparar as nossas ações, maiores serão as chances de sermos eficazes nesse improviso.

Insisto neste ponto: o planejamento não é um inibidor da criatividade, tampouco um amarrador de ações. O planejamento facilita a reação com velocidade naquele momento que requer uma resposta imediata.

O planejamento tem de criar as condições para o proposital e deve contar também com uma margem de segurança para o acidental, seja de tempo, seja de recursos. A área negocial, especialmente a bancária, chama isso de provisionamento. Olha que bela palavra: "provisão" é a visão anterior e o olhar que nos favorece.

Um planejamento agrega em sua capacidade de antecipação tudo aquilo que vai favorecer o sucesso da ação. Para isso acontecer, é necessário ter clareza de quais são os recursos disponíveis. Recursos de natureza financeira e material e de inteligência das pessoas, que é o estoque de conhecimento existente numa organização.

Nas empresas mais densas há um estoque de conhecimento que está nas pessoas, e ele não é uma commodity. Quase sempre uma empresa não obtém sucesso apenas porque faz aquilo que outras organizações já fazem. O êxito acontece porque as pessoas que nela estão articulam esses saberes a serviço do coletivo.

A noção de competência hoje – e o planejamento tem de levar isso em conta – não é exclusivamente individual, conforme já mencionado. A minha competência não acaba quando começa a do outro. A minha competência acaba quando acaba a do outro. Num grupo, numa diretoria, numa equipe, numa área, se alguém perde competência, eu perco também. Se alguém ganha, eu também ganho.

Nesse sentido, a competência tem uma percepção mais coletiva, sem anular a capacidade individual.

Até algum tempo atrás, quem tinha uma competência guardava para si e pensava: "Eu não vou passar para ninguém, senão vão me ultrapassar". Ou, se tinha uma lacuna de competência, ficava quieto, procurava não chamar atenção para aquele *gap*. "Não vou contar para ninguém, senão vão me mandar embora."

Na complexidade do cenário atual, as duas atitudes são perigosas. Quem domina algo e não passa adiante enfraquece o grupo e, portanto, a si mesmo. Quem não domina algo e fica na encolha acaba prejudicando a si mesmo, porque continua sem saber, e o grupo, que é afetado por essa ausência.

Qual deve ser a regra na empresa inteligente? *Quem sabe reparte, quem não sabe procura!*

É essa condição que torna a empresa um local de aprendizado e de ensino. Nesse tipo de organização existe a já referida permeabilidade interpedagógica. Numa companhia que é arejada para essa questão, as pessoas se ensinam e se aprendem – e estou usando de propósito essa partícula "se" antes –, pois ensinam umas às outras e aprendem umas com as outras.

Esse estoque de conhecimento é o grande diferencial. É o que permite, por exemplo, que eu compartilhe o que ali vivenciei e aprendi. Se tenho a circunstância de passar isso adiante, todos nos fortalecemos, pois ganhamos inteligência e capacidade.

Se eu guardar aquilo só para mim, como se fosse um trunfo, "não vou passar porque eu vou perder o meu lugar", o que acontece é justamente o contrário. Se eu não reparto aquilo que conheço, a estrutura enfraquece e eu corro um risco maior de perder espaço ou de perder o meu lugar na organização.

Por isso, o planejamento precisa prever os momentos da ação e também os momentos da interrupção da ação específica do negócio para o aprendizado. Não se aprende apenas quando se está fazendo, há momentos em que é necessário parar a rotina para situações de aprendizado. São dois movimentos: aprende-se fazendo e refletindo sobre o que se faz.

Contemplando essas duas vertentes, o planejamento pode contribuir para que haja uma cultura do aprendizado. A pessoa que tem curiosidade, prontidão para o aprendizado, não acha que aquilo que sabe é suficiente, nem que ela não precisa aprender mais nada. Ao contrário, ela está sempre disponível para buscar aquilo que ainda não conhece.

Muitas organizações cultivam um ambiente propício à aprendizagem, ao ensino contínuo. Assim sendo, a pessoa está disponível para aprender e é incentivada a fazê-lo. As organizações mais inteligentes são aquelas que são aprendentes em seu cotidiano. Para isso, a liderança mobiliza essa disposição como um valor positivo e, ao mesmo tempo, cria as condições para que o aprendizado aconteça.

Essa postura influi nos níveis de atração e retenção de bons profissionais. Se sou um funcionário e percebo que aquele local me estimula a aprender de modo contínuo, faz com que a minha competência se eleve e seja reconhecida, a minha fidelização aumenta, obviamente.

Se aqui eu aprendo e me desenvolvo, aqui permaneço, e essa dedicação prazerosa e rentável precisa ter o planejamento como seu instigador positivo.

# V
# ÉTICA

## Uma casa com valores

Capítulo 9

# NÃO FAZEMOS QUALQUER NEGÓCIO!

**Uma regra que ilumina as referências da conduta decente**

Toda pessoa que empreende, que tem uma responsabilidade perante outras pessoas, perante a comunidade, precisa ter um lema em relação ao lucro decente, à atividade meritória, ao resultado digno, que é: "Não fazemos qualquer negócio".

O negócio decente tem esse lema como um farol de iluminação. Esse "não fazemos qualquer negócio" se refere ao negócio *stricto sensu* e abrange também a relação com pessoas, com fornecedores, com clientes, com colegas, com a hierarquia.

A nossa liberdade – o que movimenta a nossa capacidade ética de escolha – não é ilimitada. Há coisas que, embora possam ser feitas (no sentido de possibilidade), não devem ser feitas. Por isso, o enunciado "não fazemos qualquer negócio" edifica a condição de presença dentro do mercado, dentro da comunidade.

Ao estabelecer a regra de que "nesta casa não se faz isso", a organização remonta ao conceito no grego antigo de *ethos*, que originou a palavra "ética". A expressão *ethos* significa "morada do humano", isto é, o lugar onde nós vivemos juntos, onde habitamos. Em outras palavras, é o que nos dá identidade, o que localiza o nosso DNA. A nossa casa, a nossa marca, o nosso "carácter", usando o modo lusitano de escrita, que é o que nos caracteriza, que faz que sejamos como somos.

Nesse ponto, ética é aquilo que atesta que "nesta casa não se faz isso", no sentido de que aqui não se faz o que não deve ser feito. E também assinala o que deve ser feito, "nesta casa assim se faz", porque esse é o modo decente de se inserir no mundo. Esse tipo de normatividade não é algo que amarra as pessoas, ao contrário, ilumina as referências de conduta.

Por isso precisamos ficar sempre atentos a essa questão de quais são as regras da casa. Não por acaso, a noção de moral está ligada à ideia de morada.

A propósito, era bastante comum até o final do século passado empresas distinguirem seus funcionários pelo "tempo de casa". Em datas redondas, havia algum evento para marcar aquela ocasião. O sentido daquela comemoração era simbólico. Quando alguém recebia uma pequena placa pelo tempo de casa, mais do que uma demonstração do tanto de tempo que estava ali empregado, era o reconhecimento de uma dedicação de tempo de vida. Como o tempo que temos é a nossa vida, significa que, como funcionário, a minha vida também ali esteve por dez, quinze, vinte anos.

Permanecer numa instituição por vários anos é um sinal de que existe uma coincidência entre os valores que eu tenho e os da empresa, que claramente são ali acolhidos e legitimados. Eu tenho adesão àquela organização. Esse tempo de vida utilizado como o tempo de presença numa organização sempre será honroso, quando marcado por um direcionamento a um horizonte ético, quando houver coincidência entre aquilo que eu entendo como certo e aquilo que a instituição tem como vigente e decente.

Convém sempre frisar que a ética não é uma barreira, mas uma fronteira. A pessoa pode escolher cruzar aquela fronteira. Porém, se aquele desvio ferir o código de conduta da instituição, a pessoa sofrerá alguma medida disciplinar. Se for algo que possa ser reorientado, servirá como aprendizado. Se for de maior gravidade, aquela pessoa poderá ser excluída da estrutura.

Alguém até poderia dizer: "Mas eu não concordo com as orientações éticas"; então, está no local inadequado. "Eu obedeço porque preciso obedecer" é um argumento muito frágil na razão. A minha conduta tem de ser marcada pela minha crença naquilo. Se faço algo, mas, no fundo, acredito que não deveria fazê-lo, essa é uma atitude incoerente. "Ah, mas eu preciso continuar desse modo para não ser dispensado." Essa argumentação, embora não descartável, conduz a uma ruptura interna, a sofrimento.

Se eu não concordo com as regras da organização, tenho ao menos duas opções: propor alteração das regras, desde que seja algo razoável, ou me retirar daquela instituição, se eu não estiver de acordo com aquelas normas.

Há certas situações em que não adianta argumentar com a liberdade individual. Não adianta dizer: "Eu sou livre para fazer o quiser". Nem sempre.

Um profissional que é fumante não pode pretender trabalhar numa plataforma de petróleo ou num submarino. A pessoa é livre dentro das normas de convivência às quais decidiu aderir.

A ética é um sinalizador dos valores de uma organização. Em algumas circunstâncias, a conduta ética que não abre mão de seus preceitos pode, sim, criar um obstáculo à conquista de um resultado, se o lema for "resultado a qualquer custo" ou "lucro a qualquer custo".

Nesse caso, será pouco digna, porque a atitude gananciosa falará mais alto que o cuidado com as pessoas, com os recursos daquele local, com a comunidade na qual está inserida.

Costumo chamar atenção para a diferença entre ambição e ganância. Uma pessoa ou uma empresa ambiciosa é aquela que quer mais e quer passar para um patamar melhor. Uma empresa ou uma pessoa gananciosa é aquela que quer só para si e a qualquer custo.

Que uma empresa deseje ter o mercado só para ela é compreensível. Que seja a qualquer custo não é aceitável. Que uma pessoa queira subir na hierarquia é compreensível, mas não é aceitável que seja a qualquer custo.

Uma organização decente jamais estipulará metas cuja obtenção seja marcada pelo "a qualquer custo" ou pelo "fazemos qualquer negócio".

Existem empresas que o fazem? Sem dúvida. Será que todas o fazem? De modo algum. Será que uma empresa pode fazer isso? Pode, mas não deve. Por que pode? Porque, se ela tiver isso como sua referência de valor, é a trilha que vai seguir. Mas ela não deve. Primeiro, porque fere os valores da convivência. Em segundo lugar, porque isso retira a condição de perenidade do seu negócio.

As empresas que constroem o futuro são aquelas que juntam a competitividade, a lucratividade, a rentabilidade com a sustentabilidade ética. E essa sustentabilidade se estabelece quando traduzida no dia a dia, nos fazeres, quando não se restringe ao discurso, à aparência. Como eu digo com frequência, ética não é cosmética.

Ética não é uma coisa de fachada. Decência não é só para aparência. Sim, ela pode ser mostrada, desde que acompanhada de confiabilidade. Numa instituição financeira, o patrimônio mais expressivo é a confiabilidade. Afinal de contas, uma parcela imensa daquilo que faz uma instituição financeira está no nível abstrato, simbólico. Dinheiro, ações, aplicações são absolutamente virtuais, não têm uma correspondência direta com coisas concretas, que se guardam no estoque.

Uma organização que propaga um discurso e em seu cotidiano não age de acordo corre sério risco de perder a credibilidade perante sua força de trabalho e seus públicos de relacionamento. A coerência entre discurso e prática é determinante para a credibilidade de uma instituição. Uma instituição é marcada pela autenticidade, quando coincide com ela mesma. Quando o que pratica tem consonância com aquilo que fala.

O mesmo se aplica às pessoas. Se sou autêntico, eu não faço algo apenas porque me mandaram ou porque é uma representação externa a mim. Faço porque tenho convicção de que é certo fazer o que faço. Sou o que sou.

É esse o modo como se constrói reputação. Uma organização tem na reputação que carrega a sua marca mais valorosa. A reputação de que faz bons negócios, mas não faz quaisquer deles, especialmente aqueles que são escusos. Aquela de que as pessoas dentro da organização tampouco o fazem.

No campo da ética, é preciso também trazer aquilo que o filósofo francês René Descartes (1596-1650) chamava de dúvida metódica. De vez em quando pensar: "Será?" e examinar cuidadosamente como está a integridade da casa, seja pela área de *compliance*, seja pelas lideranças.

Vale frisar que não se trata de desconfiança, mas de uma atividade de supervisão. Não é implantação do espírito inquisitorial no cotidiano, mas necessidade de deixar clara a mensagem de que "estamos atentos". Num mundo de alta competitividade, uma organização que arranha a própria reputação comete uma espécie de autofagia, de autodestruição, porque faz com que a credibilidade se perca. E credibilidade é um dos pilares nos quais o negócio se sustenta.

A noção de reputação está em jogo o tempo todo. Se essa reputação sofre algum arranhão, algum estilhaçamento, a possibilidade de recomposição fica bastante limitada. Uma vez quebrada a lógica da confiança, é difícil restabelecer naquele ambiente um sentido de integridade.

Por isso, integridade é algo que precisa ser cuidado antes. Após sofrer qualquer tipo de abalo, é muito custoso – por vezes, impossível – voltar à condição anterior.

Imagine trabalhar em uma empresa que forja relatórios de impactos no meio ambiente ou que coloca a segurança das pessoas em risco. Se você tem noção disso e lá permanece, está sendo cúmplice de algo que não é correto. Vale observar que a degradação da estrutura da casa se dá mesmo quando admitimos pequenas rachaduras, pequenos vazamentos.

O perigo de nos habituarmos a essas desestruturações é que elas podem abrir caminhos para outros descuidos de proporções maiores. Eu costumo mencionar uma expressão do Corpo de Bombeiros que alerta que "nenhum incêndio começa grande". Todos começam com uma faísca, uma fagulha, um disparo.

Por isso, o cuidado da liderança com a ética vai desde o pequeno movimento do cotidiano até aquilo que é mais amplo.

É preciso, portanto, manter o estado de atenção. Cabe à organização acompanhar o cotidiano das relações de convivência dentro da decência e reservar momentos para fazer uma "vistoria na casa".

Daí o fato de organizações terem, como anteriormente indicado, uma área chamada *compliance*, palavra que não tem uma tradução direta para o português. Eu brinco que a expressão que mais se aproxima é, como se diz no interior, "nos conforme". Porque faz sentido, expressa a ideia daquilo que está "em conformidade".

*Compliance* é uma forma de assegurar que a casa se mantenha inteira, sem vazamentos, sem corrosões, sem rachaduras, e também fazer ações de acompanhamento.

Não basta deixar estabelecido e imaginar que aquilo permanecerá daquele modo. Afinal, assim como as estruturas materiais, as estruturas humanas são passíveis de desgastes. Não basta que uma organização ou uma liderança confie de maneira incondicional nas pessoas. É necessário que essa confiança nas relações se dê de modo verdadeiro, mas não incondicional. Toda confiança incondicional se aproxima da ingenuidade.

No dia a dia, são comuns questionamentos ou argumentos como: "Ah, mas e se a minha empresa estiver correndo o risco de não sobreviver?", "ah, mas se eu fizer o estritamente correto não conseguirei bater as metas", "sem esse resultado, não serei promovido". No campo da ética, algumas pessoas usam a expressão "mal menor". Em outras palavras, a ética que é marcada pela circunstância. É quando o princípio é relativizado. A ética dos princípios trabalha com a ideia de que "não fazemos qualquer negócio". Assim sendo, não se faz o que não deve ser feito, mesmo arcando com o ônus dessa decisão, mesmo enfrentando dificuldades. Já a ética da conveniência dirá: "Eu sou honesto no que faço, decente no que pratico, mas, dependendo de como estiver o mercado, não tenho como andar o tempo todo na linha". Essa é uma escolha.

Existem empresas, entretanto, que zelam pela perenidade dos negócios. Elas recusam facilitações que até trariam vantagens em curto prazo, mas colocariam a reputação em risco. Existem empresas que não compactuam com subornos, chantagens, "taxas de incentivo", porque consideram que essas práticas são deletérias para o próprio funcionamento do segmento em que atuam.

São comuns histórias de companhias que amargaram perdas imediatas por não aderirem a expedientes escusos, mas que num prazo mais extenso se mantiveram no mercado, enquanto seus concorrentes naufragaram. Existem profissionais que se recusam a cometer atos ilícitos para receber alguma promoção ou condição de destaque. Ainda que a ascensão na carreira seja mais lenta, preferem manter sua reputação intacta, compreendendo que esse é um patrimônio pessoal intocável.

Capítulo 10

# LUGAR DECENTE, AÇÃO HONRADA

A liderança deve zelar pela integridade das pessoas e dos negócios

No mundo do esporte, as pessoas têm dificuldades de aceitar vitórias que não são decentes. Existe a percepção de quem foi o vencedor, mas não existe a admiração. Uma pessoa ou uma empresa é admirável pela conduta que tem. Quando se diz: "Essa é uma bela pessoa", obviamente não se está falando de estética, mas de ética. Quando se diz: "Essa é uma bela empresa", não é em referência às instalações ou à logomarca, mas está se trazendo à tona a noção de ética. A ideia de belo tem a ver com a maneira de ser, marcada por uma conduta que é decente.

Essa é uma questão difícil no dia a dia, porque qualquer pessoa pode ser seduzida e cometer desvios de natureza ética. Seja para obter algum tipo de favorecimento, algum privilégio, seja para chegar mais rapidamente ao resultado. É preciso estar atento o tempo todo para não sucumbir a essas tentações. Mesmo nos pequenos atos fora do âmbito do trabalho, como usar o acostamento para sair da via congestionada ou colocar um dinheiro na mão do garçom para ser favorecido numa festa em detrimento dos outros convidados. Seja em que contexto for, essas condutas, embora possam trazer vantagens momentâneas, não são corretas.

Numa organização, as práticas que asseguram a boa reputação precisam ser disseminadas no conjunto. Muitas vezes se diz: "A boa conduta é automática". Isso tem um aspecto negativo: a não reflexão. A ação ética correta é imediata, não automática. Ou seja, eu ajo deste modo porque isso está introjetado em mim como uma convicção. Porém o ato imediato não é irrefletido, resultante de um adestramento.

Reitero: a conduta ética não deve ser automática, mas introjetada. A relação de decência se estabelece em nossa rotina quando se tem um compromisso assumido pelo conjunto, e não porque seu descumprimento acarretará em punição. Claro que esse é também um sinal de alerta, não o motivo principal.

Eu coloco cinto de segurança quando entro no carro não pelo receio de ser multado. Ainda que a multa seja um fator a ser considerado, eu coloco o cinto conscientemente, porque sei que é um dispositivo que vai me proteger.

Numa organização, a ética tem dois movimentos fortes: a pressão externa e a convicção interna. A liderança precisa estar atenta para assegurar que os princípios de conduta sejam seguidos e alertar que haverá responsabilização caso não o sejam. É preciso um cuidado ininterrupto para minimizar o risco de rupturas. Mas, acima de tudo, fazer um trabalho pedagógico para que o bom caminho seja seguido por adesão consciente, isto é, por convicção. Eu creio que é certo fazer e, por isso, faço. Tenho convicção de que é certo e, por isso, mostro fazendo, pois quero que os outros também o façam. Afinal de contas, na nossa casa nós fazemos aquilo que entendemos como correto.

A ética não é o que se exige da liderança apenas como um dado de natureza simbólica. Embora a ética seja um pressuposto na integridade, no caso da liderança, ela é uma atividade funcional.

Cabe a cada um cuidar da integridade, mas cabe à liderança garantir que o cuidado seja realizado. Nesse sentido, a tarefa da liderança tem uma natureza exemplar. Ela não pode ser de maneira alguma na base do "faça o que eu digo, não faça o que eu faço". Tem de ser "faça o que eu faço", obviamente quando o que a liderança faz é o que deve ser feito.

É parte da tarefa da liderança assegurar a integridade dos negócios e das pessoas. Essa integridade advém quando o padrão de conduta coincide com aquilo que a organização proclama e deseja e, portanto, que não colida com aquilo que é saudável na convivência social.

Nesse sentido, a ética conectada à noção de liderança é também um valor negocial. Fazer com que as pessoas atuem num ambiente eticamente saudável gera bem-estar, uma percepção mais densa de reconhecimento, de propósito e, acima de tudo, de que se está num lugar decente exercendo uma atividade honrada. Portanto, que não degrada nem o esforço empenhado nem a comunidade na qual se está inserida.

A exemplaridade é a maneira mais eloquente de manifestar algo que precisa ser realizado. Se o líder exige de si e dos outros um padrão decente de conduta, em relação a fornecedores, funcionários, mercado, concorrência, hierarquia, legislação, isso ganha uma dimensão negocial.

Lideranças exemplares fazem com que haja uma contaminação positiva, uma impregnação da noção de que a conduta correta produz um futuro mais fértil, e isso mantém uma vitalidade maior na organização.

Se eu sou cliente, funcionário, fornecedor que preza pela decência nas relações e noto que uma empresa não faz "qualquer negócio", terei um nível muito maior de adesão a ela.

Outro aspecto relevante é que ambientes eticamente saudáveis tendem a ser muito mais colaborativos, visto que neles as pessoas não ficam desconfiadas, na defensiva, e, consequentemente, empenham suas melhores energias no fluxo do trabalho. A ideia de colaboração está conectada com a de confiança. Quando eu quero ser alguém que segue princípios saudáveis de convivência, num ambiente organizacional, a colaboração só virá se a pessoa tiver em relação a mim um nível de confiabilidade de que aquilo é correto e, portanto, de que aquilo eleva a nossa condição.

Por isso a ética alimenta a colaboração. Como ela se move pelo princípio da confiança, tende a gerar compromisso entre as partes envolvidas.

Não por acaso, as noções de colaborar, de confiar e de comprometer-se têm um antepositivo que dá uma conotação mais coletiva, de algo que se faz junto. A palavra "confiança" inclui "fiança", a noção de fé, e significa "eu acredito". A tal ponto que os documentos antigos nos cartórios terminavam com "por ser verdade, assino e dou fé". O cartório, como uma instituição de ratificação, de legitimação, trazia a expressão "dou fé". Em alguns idiomas há uma aproximação das palavras "fé" e "verdade".

A ética é o que mais sedimenta a possibilidade da ação coletiva, que ganha potência porque é feita de modo integrado. Quando há uma conduta, a partir de uma liderança exemplar, que faz com que as pessoas tenham confiança de que aquilo que fazem é positivo para elas e para a comunidade na qual se inserem, é claro que serão mais colaborativas, colocando uma energia vital intensa nas suas atividades.

A vida é um fenômeno relacional. A qualidade das relações entre as pessoas em uma organização pode determinar os rumos para a perenidade, para o futuro daquela coletividade.

Um sintoma dessa percepção é como o tema da diversidade vem ganhando espaço no mundo corporativo. E isso acontece, em grande medida, porque parte da humanidade caminha para um horizonte que é mais inclusivo.

No mundo dos negócios, a perspectiva mais inclusiva, não segregacionista, tem uma marca positiva na reputação. Ser uma instituição que lida com diversidade étnica, religiosa, de orientação sexual, de condição física, transmite a mensagem de uma conduta muito mais fraterna, muito mais humana, e, portanto, de uma empresa honrada.

Isso envolve a imagem e a autoimagem. Afinal de contas, é bom trabalhar numa organização que não faça nenhum tipo de discriminação aos nossos variados modos de sermos humanos.

Há um outro aspecto: além de ser importante que a diversidade apareça como uma expressiva forma de valor organizacional, ela é também uma vantagem no campo do conhecimento, das competências. Costumo evocar a frase do teólogo Leonardo Boff, "um ponto de vista é a vista através de um ponto". Assim sendo, as capacidades humanas estão dispersas nos múltiplos modos de olhar a vida. O olhar de alguém que não é idêntico ao meu aumenta a abrangência do meu modo de pensar e de fazer.

Uma empresa inteligente tem diversidade na reflexão e unidade na ação. Até algumas décadas atrás, a empresa exigia unidade na reflexão, e isso gerava perda de força na ação. Um comentário possível de uma liderança naqueles tempos seria: "O pessoal que trabalha comigo é muito bom, todo mundo pensa igual". Hoje, isso significaria uma redução de capacidades.

A frase mais adequada aos tempos atuais seria: "O pessoal aqui é muito bom, nem todo mundo pensa igual, mas na hora de agir, age junto".

Por um lado, acolher a diversidade é um constitutivo ético, que marca a imagem e consolida a reputação junto aos públicos de relacionamento. Por outro, oferece a vantagem de ter diferentes modos de olhar, de pensar, que não estariam presentes se a empresa se limitasse a uma única direção. Ao acolher a diversidade, ela amplia o seu repertório de soluções.

Convém sempre lembrar que o fato de um grupo de pessoas ser majoritário não significa que seja exclusivo, não significa que seja o único. Ser diferente não é ser desigual. Homens e mulheres são diferentes, não são desiguais. Heterossexuais e pessoas de outras orientações sexuais são diferentes, não são desiguais. Negros e brancos são diferentes, não são desiguais. Reconhecer as diferenças não significa exaltar as desigualdades.

Nesse sentido, uma organização será tão mais sólida quanto mais contemplar a diversidade como um rico manancial de pessoas diferentes, que pode ser mais criativo, mais fértil, mais pluralizado. Não é só mais bonito esteticamente, é mais bonito eticamente.

Alguém pode questionar: "Mas qual será a finalidade disso? Apenas ser simpático ao mundo fora da organização?". Em primeiro lugar não há nenhum demérito em uma organização acolher a diversidade para ter sua imagem bem situada junto ao público. Até porque a sociedade, a nação, a realidade são diversificadas. Afora que uma instituição que acolhe a diversidade faz com que as pessoas (atuando dentro dela ou dela sendo clientes) a vejam de uma maneira muito mais apreciada. É bom saber que uma empresa é decente com as pessoas que nela trabalham e com as quais se relaciona.

Nesse sentido, sempre haverá um valor de mercado porque isso "pega bem". E "pegar bem" seria ruim se fosse só para "pegar bem", e não uma convicção, uma prática. Muitas vezes uma ação inclusiva começa sem que haja uma convicção de que ela é positiva.

Há várias pessoas, várias lideranças que aderiram à diversidade por ser uma orientação da direção superior. Num primeiro momento, elas tiveram de fazê-lo, mas, pouco a pouco, foi se constituindo uma aura de bem-estar tão grande naquele ambiente que a convivência superou qualquer resistência ou desconfiança.

Ninguém se livra de preconceitos de uma hora para outra. Lidar com as diversidades em muitos casos exige sair da zona de conforto. Nem sempre é uma empreitada fácil.

Por isso, vale refletir: qual é a importância como negócio da acolhida e da promoção da diversidade dentro de uma organização? É bom que seja feito porque é eticamente correto. Porque a exclusão é sempre algo que diminui a nossa humanidade, a nossa dignidade. Quando eu diminuo a dignidade de outra pessoa, diminuo a minha também.

Pode ser que eu, líder, não tenha ainda todo o convencimento de que precisa ser desse jeito. Mas as experiências mostram que esse acolhimento gera resultados positivos mais à frente.

O acolhimento deixa de ser uma ordem a ser obedecida e passa a ser um modo de vida coletiva. As pessoas aprendem a acolher aquele que é diferente e deixam de vê-lo como desigual. Desenvolvem a empatia na relação com o outro.

A diversidade é contributiva e um valor de convivência. Eu, na condição de cliente, gosto muito de fazer negócio com uma instituição que seja contributiva nessa relação. Eu não quero fazer negócio apenas porque é um bom negócio, mas porque esse bom negócio reflete alguns dos meus valores de vida.

# VI

# ATENDIMENTO AO CLIENTE

## Uma relação vital

Capítulo 11

# RESPEITO COMO VALOR

Confiança se estabelece
pela prática cotidiana

Existe atualmente uma profusão de instituições com um portfólio tão expressivo de serviços oferecidos que a única maneira de conseguir um nível de atratividade, de confiabilidade, é produzir o encantamento no relacionamento com o cliente.

Uma pessoa se encanta quando entende que aquilo que está sendo feito a beneficia, quando percebe que quem está fazendo um negócio com ela não está fazendo apenas um negócio – não deixa de sê-lo, mas não é exclusivamente um negócio. É essencialmente uma relação de confiança. O termo "fiança", como já citado, está ligado à noção de fé. Numa relação instituição financeira-cliente, ambos necessitam estabelecer um vínculo no qual haja vantagens recíprocas.

Quando procuro uma instituição financeira, o faço na expectativa de que ela vá me prestar um serviço que eu entenda como correto. Ela recebe para fazê-lo e, em contrapartida, eu espero ser beneficiado em relação à proteção do meu patrimônio, ao cuidado com os meus negócios. Isso tem de ser feito de uma maneira encantadora.

Encantar não é enganar nem seduzir negativamente. Encantar é manter um modo de relacionamento pautado pela confiança. Não é casual clientes usarem a expressão "no meu banco", "na minha seguradora", "na minha farmácia". Esse "meu" ou "minha" evidentemente não carrega a ideia de propriedade, mas de proximidade. É semelhante a quando se fala "o meu mecânico". Mesmo que na oficina, ao abrir o capô do carro, o proprietário nada entenda do funcionamento do motor, aquilo pareça um "inferno" cognitivo, se houver confiança na relação, o tratamento será de "o meu mecânico".

A relação de confiança se estabelece na prática cotidiana. Ninguém considera o nível de confiabilidade de uma relação apenas porque alguém disse que a outra parte é confiável. A confiança é uma prática, a base para a construção da reputação.

Do lado da instituição, esse é um valor que não pode ser arranhado, precisa ser cuidado o tempo todo. Do lado do cliente, é no exercício da convivência que ele vai aferindo o nível de confiabilidade à medida que a relação avança.

Quando se pega o exemplo de um banco, a conexão com uma entidade financeira é uma escolha. Assim sendo, tem de ser referenciada por valores como confiabilidade, segurança, competência nas soluções, além do entendimento de que aquele negócio deve ajudar ambas as partes. E, claro, pelo tratamento da instituição aos seus clientes. Ser bem tratado é uma percepção de que envolve fatores como clareza, transparência, consideração.

A frase clássica "respeito é bom e eu gosto" serve de lema nessa relação. Respeito ao cliente deve ser um valor organizacional. Contudo, em relação à outra frase clássica "o cliente tem sempre razão", cabe alguma ponderação.

O cliente é a razão de ser da organização, afinal sem ele a organização não existiria. Mas ele não tem sempre razão. A instituição deve estar sempre mobilizada para oferecer as melhores soluções aos seus públicos de relacionamento. No entanto, nem sempre as partes estão no mesmo compasso.

Na minha prática como cliente, houve ocasiões em que eu não concordava com mudanças implementadas pelo "meu" banco. Eu desejava continuar na minha rotina. Quando, por exemplo, recebi um comunicado de que a senha numérica seria substituída pela leitura digital, eu fiquei contrariado.

Aquela mudança ia demandar registrar, fazer a biometria, dava trabalho. Eu pensei: "Era tão bom do jeito antigo". Mais adiante, porém, a prática me convenceu de que aquela alteração era melhor para mim.

De modo geral, somos muito acomodados nas relações. Não gostamos que mude o gerente da agência, o sistema de atendimento, a senha. Qualquer alteração na rotina causa um certo nível de desconforto, especialmente aquelas que num primeiro momento não são desejadas ou que parecem não fazer tanto sentido.

Os interesses do cliente devem servir para mapear o percurso, mas eles não são uma rota exclusiva.

Nessas situações, em qualquer setor de atividade, é fundamental municiar os clientes com informações para minimizar o eventual desconforto causado por alguma alteração de hábito. As pessoas se convencem da necessidade da mudança quando os argumentos sinalizam vantagens para elas.

Explicar os benefícios daquilo que está sendo modificado tem papel esclarecedor e é também uma atitude que demonstra zelo pelo cliente.

O modo de abordagem é outro fator determinante na relação. A modernização de um procedimento, de uma operação, não pode passar a impressão de incapacidade do cliente, pois desse modo ele se sentirá desqualificado.

Nesse aspecto, a paciência didática é muito importante. O cliente tem de ser formado para o que é novo. Há um desenvolvimento muito mais acelerado por parte de algumas empresas nos tempos atuais, especialmente no campo digital, dado que muitas montaram uma área só para isso. O cliente, na maioria das vezes, não está no mesmo ritmo, até por estar inserido em outras realidades.

Por isso, para se obter a adesão, é necessário ficar absolutamente nítido para o cliente o que está sendo feito e por que está sendo feito. A relação de reciprocidade presume oferecer vantagens aos dois lados.

É claro que a máxima "o cliente tem sempre razão" expressa muito mais a intenção da excelência no atendimento. Nessa perspectiva, ela é irrefutável. Excelência é aquilo que encanta. Portanto, excelência é um horizonte, não um lugar que se chegue. A excelência é uma referência daquilo que tem de ser buscado. E o que define o excelente para mim? É o melhor, no menor tempo, com o custo mais baixo.

A excelência na relação de atendimento comigo, cliente, tem de ser o melhor que aquela organização pode oferecer, no tempo mais curto e com o custo mais reduzido. Essa conjunção me faz entender como excelente o nível de atendimento.

O que eu pago? O que eu recebo? Evidentemente, nenhum de nós aprecia a ideia de ser explorado. Há uma diferença entre ser explorado e ser alguém que compreende o custo daquilo que adquire.

Eu procuro fazer uma distinção: nem sempre aquilo cujo preço é alto é caro. Por exemplo, alguns medicamentos têm um preço alto, mas não são caros, pelo benefício que oferecem. Caro é aquilo que não vale o que eu pago. Alguns livros que eu compro têm um preço elevado, mas eles não são caros. Alguns serviços que eu contrato têm um custo alto, mas não são caros. Barato é aquilo que está abaixo do valor usual dele. Muitas vezes alguém diz: "Ah, mas isso aí é muito caro".

É necessário relativizar: se aquilo me serve, se tem utilidade para mim, eu posso até admitir que vou pagar um custo mais alto, mas não significa que seja necessariamente caro.

Nesse sentido, a relação deve gerar no cliente a percepção de que nesta empresa as coisas não são caras, elas valem por aquilo que propiciam. Sempre que eu digo "isso é caro", estou dizendo "isso não vale o que eu paguei". Entretanto, quando digo que o preço é alto, mas não é caro, é porque o investimento naquilo é válido.

Faz parte do bom relacionamento deixar essa percepção clara. O cliente deve ser comunicado de que, embora haja um custo, o serviço compensa. Essa atitude facilita a fidelização. Se o cliente ficar convencido de que terá as suas compensações, ele tenderá a manter a relação.

Capítulo 12

# MARCAS DO CUIDADO

Relações bem cultivadas
gratificam de vários modos

Qual é o cliente mais importante? É aquele que permanece durante o maior tempo possível numa relação que seja decente. Isso significa que, do ponto de vista do respeito e da dignidade, os clientes têm um valor como indivíduos, e isso precisa ser absolutamente nivelado.

Mas, na operação dos negócios, nada impede que haja, por conta da qualidade da relação, a figura do cliente preferencial. Bancos, companhias aéreas e algumas lojas fazem essa distinção. Não significa que alguns clientes valem mais que outros. É que alguns clientes mantêm negócios cujo resultado motiva um atendimento especial.

Cabe destacar que a elevação desse grupo não significa a degradação dos outros.

Quando recebo um cartão que me oferece alguma vantagem num hotel, num banco, numa empresa aérea, eu, como cliente, me sinto valorizado. Isso me deixa propenso a me manter fiel àquela marca. Enxergo essa vantagem adicional que obtenho não como algo que é só meu, mas que é meu porque naquela relação estou tendo uma contribuição. Cada vez que eu obtenho alguma vantagem pelo relacionamento mantido com uma empresa, acho que ela está se fidelizando a mim também.

Se mantenho meus negócios com banco ou loja e, portanto, sou um cliente fiel, o banco ou a loja precisa ser fiel a mim, no sentido de me oferecer alguns benefícios para o meu dia a dia. A fidelização tem de ser marcada pela reciprocidade. Ao fazer negócios, comprando produtos e serviços, eu ofereço vantagens ao banco, por exemplo, e ele retribui isso e me oferece vantagens. Uma delas é exatamente nesse nível de tratamento mais elevado.

Algumas pessoas, vez ou outra, questionam se um cartão especial, digamos, que oferece uma relação mais vantajosa não seria um privilégio e, portanto, algo que fere o campo da ética. Sob a ótica dos negócios, esse não é um privilégio que adveio de um preconceito, de um favorecimento escuso, que só um amigo do gerente vai obter. Se algumas vantagens são oferecidas é porque existe uma relação negocial que está colocada com nitidez para todos.

Na relação com hotelaria, com lojas, com companhias áreas, existe um conjunto de regras que prevê descontos, serviços extras, se o cliente atingir um patamar de negócios realizados, se fizer um determinado número de viagens. É uma relação clara, não se trata de um favorecimento indevido.

Um gerente sabe que terá de dar uma atenção maior para aquela pessoa que mantém negócios com uma lucratividade maior. Seria tolo não o fazer. Mas isso não significa desprezar a pessoa que não tem esse mesmo volume movimentado. A pessoa tem de se sentir especial, independentemente do valor que despende naquela instituição.

Para isso, é preciso organizar o tempo, a fim de conseguir dar atenção para quem gera mais lucratividade, mas não deixar de assistir aqueles que têm menos recursos. Nesse sentido, o trabalho da equipe de atendimento tem de ser balizado de maneira que haja tempo para todos. O cliente não pode se sentir apenas como "mais um".

A comoditização das estruturas não pode gerar no cliente a percepção de desdém. Eu não sou mais um cliente, eu sou um cliente. Meu modo de ser cliente se dá com determinadas condições que, mesmo não sendo das mais vantajosas para a instituição, ainda assim me fazem digno de atenção.

E, se sou digno de atenção, essa atenção deve ser digna. Não deve ser burocrática. Tampouco deve derivar para o outro lado e ser exagerada, afetada. Qualquer cliente percebe quando a relação é cínica. Quando um garçom é mais atencioso que o habitual, quando é hiperbólico, em vez de gerar encantamento, produz suspeita, retração. A melhor impressão é causada quando o funcionário demonstra, de fato, empenho para oferecer soluções.

Hoje as pessoas aderem às organizações em que encontram soluções para as suas necessidades. Se confiam que uma solução será apresentada, tornam-se mais propensas a cultivar aquela relação. Por isso, uma das coisas que um funcionário nunca deve dizer ao cliente é: "Isso não é da minha competência".

Colocar-se como alguém incapaz de oferecer solução enfraquece a relação. O cliente fica com a sensação de que ali não se faz o melhor para ele. A frase mais adequada para essas situações – se, de fato, algo não estiver na competência de conhecimento ou de decisão – seria: "Aguarde, que eu vou procurar a informação mais precisa", ou recorrer àquele que tem a possibilidade de apresentar a solução.

Outra frase que deve ser evitada é: "São ordens da empresa". O cliente pode falar: "Para mim, você é a empresa". De fato, quem atende é visto nessa condição, pois está na ponta da relação. Nesse caso, deve expor os argumentos para a existência daquela determinação.

Explicar a existência de limites ou de impedimentos não é deixar de prestar um bom atendimento. No final das contas, quando se trata do setor de serviços, alguém que se coloca fora da possibilidade de solução está afastando o cliente da organização.

É incumbência da gestão criar uma cultura de excelência no atendimento ao cliente. E isso passa pela identificação do perfil para esse tipo de atividade. Nem todo funcionário tem essa inclinação para lidar com o público. Faz parte da inteligência estratégica alocar os profissionais onde podem ter melhor desempenho. Por isso a ideia de um trabalho em equipe integrado é fundamental.

Um exemplo: eu vivo numa região da cidade de São Paulo em que há um número expressivo de idosos. Nessa situação, o tipo de atendimento precisa ser muito mais burilado. A pessoa mais idosa não está tão habituada ao mundo digital, no qual as atividades bancária e comercial mergulharam fortemente nos últimos tempos. Ela tem uma maneira de relacionamento mais voltada para o contato pessoal. Ela pode sentar-se à frente do funcionário e permanecer ali por muito tempo (em alguns casos, até para ter com quem falar).

Numa equipe de trabalho, é necessário ter gente mais disponível para lidar com esse segmento. Não para ficar conversando, porque não se trata de uma atividade de assistência social, mas há pessoas que têm maior disponibilidade de atenção, que lidam bem com esse perfil de público, que têm mais paciência afetiva ou pedagógica nessa relação.

A vantagem competitiva de ter uma equipe formada por pessoas com características diferentes é que elas atendem necessidades diferentes. Uma coisa é prestar atendimento a um público com mais escolaridade. Outra é lidar com pessoas com um nível de escolarização menor. O funcionário com essa incumbência precisará ter a compreensão de que recentemente no Brasil muita gente entrou no processo de bancarização e nunca teve experiência nesse campo. O modo de contato, de dar explicação, é diferente daquele dispensado ao cliente habituado a frequentar agências.

Isso significa que se vá excluir esse público menos familiarizado? Claro que não. Ao contrário, deve-se trabalhar essa inclusão de uma maneira preparada. Numa equipe de trinta pessoas, nem todos terão essa habilidade. Há profissionais, como eu disse, que têm uma inclinação maior para lidar com determinados segmentos.

Tudo isso demanda planejamento e empenho, mas, quando se tem um cliente satisfeito e grato, isso também gratifica quem atende bem. Isso faz bem!

Em vários livros religiosos, há uma expressão que se refere à divindade durante o trabalho de criação que é: "E viu que era bom". A divindade fez o mundo, a luz, as águas e, ao terminar, "viu que era bom". Isso significa o agrado por ter feito, o sentido de realização. Portanto, a consciência não é só do dever cumprido, mas bem cumprido. Eu me dispus, me comprometi a fazer algo, fui lá e fiz. Isso dá, sim, uma alegria grande.

Essa noção de algo que me gratifica, que eu vou fazer porque tenho nitidez do benefício que virá ao fazê-lo, retira aquela sensação de fardo, de algo penoso, que tem de ser feito. Não que essa compreensão torne tudo fácil, mas, de fato, torna menos difícil. Existe uma grande diferença entre se sentir gratificado pelo trabalho realizado e se sentir aliviado por ter finalizado uma tarefa e, portanto, se livrado dela.

O que mais impulsiona alguém para agir com proatividade é exatamente quando prevalece a sensação de gratificação e não de descargo. "Eu vou cumprir isso porque é a minha tarefa, então vou tirar logo da frente". Essa é muito mais uma atitude de descarte do que de comprometimento. Porque o resultado não traz alegria, o êxito não é compartilhado, a participação não é reconhecida. O sentido de fazer aquilo é só "porque tinha de fazê-lo". É quase como um livrar-se de algo que estava incomodando. Ao passo que, se o esforço fizer sentido, a sensação se aproxima de "na hora em que eu terminar, mesmo que seja cansativo, difícil, complexo, ainda assim, será gratificante".

Essa gratificação vem de dois movimentos. Um é o interior: eu serei grato a mim mesmo por ter sido capaz de fazer aquilo. Outro é o exterior: as pessoas à minha volta agradecerão, por meio do reconhecimento, a minha contribuição. Essas duas percepções são decisivas para encorajar a atitude empreendedora.

Várias vezes eu tive essa sensação na minha trajetória. Na universidade, quando a classe ia embora, eu ficava por alguns minutos na minha cadeira, quieto, olhando a lousa cheia, e quase suspirava. Esse suspiro não advinha do cansaço apenas – ele existia, mas não era o que me deixava ali estático –, era uma espécie de repouso mental. Uma forma de contemplar a ideia de que a aula havia sido boa, de que a turma havia saído da sala melhor do que havia entrado, de que eu havia contribuído para a formação daquelas pessoas. Eu sabia o que tinha de fazer, sabia por que era preciso fazer e obtinha o reconhecimento pela minha colaboração.

Quando a pessoa tem essa clareza de que não é apenas uma peça que pode ser descartada, de que é alguém que tem importância naquele processo, a disponibilidade para empreender é muito maior.

O que vale mesmo é a pessoa que de nós é cliente perceber, na prática e na intenção, que está sendo cuidada.

Existem vários modos de cuidado. Não é casual que muitas organizações mantenham fundações ou institutos que atuam no campo da educação. Ou tenham mecanismos e estruturas de incentivo às artes e aos esportes. Essas ações compõem a reputação de uma empresa. Ao oferecer esse tipo de contribuição para a sociedade, a marca ganha um brilho.

Seria tolo imaginar que a pessoa, ao assistir a um espetáculo patrocinado, ache que a empresa faz aquilo só porque "é boazinha". Ela sabe que existe um interesse naquilo, mas é um bom interesse. Porque há o mau interesse, que é o de enganar, de desviar.

Se o interesse favorece a elevação da condição sociocultural das pessoas, é desejável que a instituição promova esse tipo de atividade.

Ao patrocinar as artes ou os esportes, é óbvio que a empresa quer dar visibilidade à sua marca, mas isso acontece proporcionando uma atividade contributiva para aquela comunidade. Porque poderia simplesmente não fazê-lo. Uma opção seria destinar os recursos para veicular a marca em peças publicitárias. Mas quando ela transforma o patrocínio em benefícios culturais ou esportivos ou ambientais para a sociedade, isso contribui para o encantamento pela empresa.

Vale reforçar que a relação com o cliente não pode ser cínica, não pode ser uma relação interesseira. Ela tem de ser uma relação de interesses recíprocos, em que as partes ganhem. É uma via de mão dupla.

É importante lembrar que a reputação de uma empresa é marcada pelo serviço que presta, pela qualidade em seus processos, pelo retorno que oferece e pelo cuidado que tem com a comunidade na qual está inserida.

# Capítulo 13

# SEM PONTO-FINAL

Negócio fechado,
fidelização aberta

A venda é uma obra aberta, seja de produto, seja de serviços. É a partir desse ponto que começa o processo de fidelização do cliente.

O momento que sucede a aquisição do bem ou a prestação do serviço pode ser decisivo para o futuro do relacionamento com o cliente. As empresas com inteligência estratégica entendem a venda como um processo a ser desdobrado em outras interações. Não se limitam a ver o negócio fechado apenas como o momento do pagamento efetuado ou da conclusão do serviço prestado.

Geralmente, as empresas despendem um esforço muito grande para vender seus produtos ou serviços, mas há um empenho consideravelmente menor naquilo que se convencionou chamar de "pós-venda", entendendo esse termo no sentido da entrega daquilo que foi adquirido pelo consumidor ou usuário.

Qualquer relação mais sustentável da marca com o cliente requer um acompanhamento depois da concretização do negócio. Numa certa medida, esse acompanhamento é um dever. Afinal de contas, se entrego algo para alguém, é importante que eu seja capaz de propiciar apoio ao uso, esclarecer dúvidas, orientar para a fruição daquilo que foi fornecido.

O serviço de atendimento ao consumidor pode ser um canal para isso. Mas ele não deve operar de modo reativo. Por quê? Porque a reatividade é uma má forma de relacionamento, representa apenas o encaminhamento da solução de um problema, o atendimento de uma queixa ou a reparação de um descontentamento. Isso é uma obrigação comercial.

O ato de bem atender precisa ir além da obrigação. Ele é de natureza estratégica e compreende o período após o ato negocial. Quando esse posicionamento fica claro, o cliente começa a se sentir mais acolhido e, consequentemente, mais próximo daquela marca.

Cabe reforçar que o depósito financeiro não é a finalização de um negócio, mas um ponto de partida para projetar outros momentos para que a relação continue. Essa é uma via importante para gerar atratividade.

Eu, na condição de consumidor, cliente, usuário, não quero uma forma de acompanhamento que seja reativa, ter um número para ligar ou um site para entrar apenas quando tenho uma queixa ou dúvida. Quero perceber que a relação estabelecida com a empresa é marcada pelo cuidado.

Algo similar ao retorno no campo da consulta médica. Seria muito estranho que um médico ou uma médica nos atendesse, fizesse o diagnóstico, prescrevesse um medicamento e depois desaparecesse. O acompanhamento pode ser também uma forma de apoio em relação àquilo que se deseja.

Como paciente, após uma internação que fiz, eu recebia e-mails de pessoas ligadas à área médica daquela unidade hospitalar, e não apenas do médico que me atendeu, perguntando sobre o quadro, como estava, se eu tinha alguma queixa. Isso aconteceu em trinta dias, sessenta dias, noventa dias. Esse é um nível de atenção proativa, de antecipação, que sinaliza uma forte capacidade de cuidado.

Do mesmo modo, como cliente, eu almejo ser alguém que é alvo de atenção e dedicação. E que quem de mim cuida, mesmo depois que já conseguiu vender o produto ou serviço, mantenha uma atenção de qualidade.

Um exemplo de proatividade: uma instituição de ensino superior, privada, da cidade de São Paulo, resolveu se antecipar ao problema da evasão de alunos. Para isso, montou um comitê de gestão e estabeleceu que todo desligamento fosse formalizado. Nesses contatos, passaram a identificar os motivos que levavam os estudantes a abandonarem os cursos. Entre os mais recorrentes estava a perda do emprego e, consequentemente, a dificuldade de continuar pagando as mensalidades. Além de propor uma negociação para facilitar a quitação, a instituição criou uma central de estágios, que ajudava o estudante a se recolocar no mercado, o que garantia que uma fonte de renda fosse mantida.

Outra razão para a evasão era o mau desempenho. A universidade identificou que alunos reprovados ou com notas baixas eram mais propensos a largar os estudos. Foi criado um programa de monitoria, em que os alunos mais experientes auxiliavam os estudantes em dificuldade a absorver o conteúdo das matérias.

Medidas que mostram uma gestão antecipatória em vez da análise posterior dos dados de evasão, que possivelmente demandaria um esforço de captação de novos alunos para as vagas. Esse tipo de gestão busca antever quais necessidades dos alunos podem ser atendidas antes de se configurar um problema.

O esforço de retenção, quando feito de maneira inteligente, contribui para a fidelização. Mas a gestão não pode partir do princípio de que a retenção deve se dar a qualquer custo. Isso não significa entender as necessidades do cliente, e sim gerar uma resistência equivocada, pois pode prejudicar a forma como a marca é percebida.

Na área de telefonia ou de TV fechada, por exemplo, é relativamente comum o cliente ligar para cancelar a assinatura e, nesse contato, receber dezenas de propostas de planos melhores do que aquele que ele tem. Além de ser uma maneira reativa de relacionamento, é um momento que deixa o cliente irritado. Gera a percepção de que não há reciprocidade, requisito fundamental para boas parcerias. Essa é uma forma reativa de relacionamento com o cliente.

É o mesmo que só dizer que a pessoa amada é maravilhosa e que todo esforço será feito por ela no momento em que ela diz estar de partida. "Ué? Mas por que você não me falou isso antes?"

Quando o cliente tem um relacionamento de mais longo prazo, a situação é ainda pior. Pois ele, que prestigia a marca há mais tempo, tem um plano de benefícios menor do que aquele que acaba de chegar. A mensagem que a empresa transmite é que ele está sendo prejudicado por ter aderido à marca há mais tempo. Trata-se de uma lógica absolutamente invertida, de prejudicar quem o prestigia.

Outra postura que precisa ser evitada é a de reter pelo cansaço. Ou seja, fazer com que o momento do desligamento se transforme num transtorno grande a ponto de o cliente deixar para cancelar em um outro momento. Cabe argumentar, tentar entender o que pode ser melhorado para deixar o cliente mais satisfeito, e vale, sobretudo, identificar quais são as necessidades que não estão sendo atendidas, para encaminhar uma correção de rota.

O que não cabe, em hipótese alguma, é deixar a experiência do cliente ainda mais amarga, com mecanismos como esperas intermináveis ao telefone, adiamentos, transferências sucessivas para outros setores.

Ou aquela indefinição do gerúndio "vamos estar encaminhando", "vamos estar analisando"...

"Vencer" o cliente pelo cansaço, definitivamente, não é a melhor estratégia. Nenhuma empresa inteligente pode se contentar em reter um cliente à custa da exaustão. Isso deixa uma impressão extremamente negativa na relação com a marca. As várias formas de ludibriar são tão impactantes que até a legislação começou a lidar com isso, na busca por impedir esse tipo de drible, de procrastinação.

Até porque, em casos assim, não há retenção de fato. O cliente apenas se acomodou e desistiu de cancelar o serviço por não estar disposto a enfrentar um périplo para fazê-lo. Isso não é fidelização, é só uma acomodação.

O fato de eu seguir com uma marca de veículo, com os serviços de uma operadora de telecomunicações, com a experiência em um restaurante, jamais pode ser motivado por eu estar acomodado àquilo. Fidelização é um vínculo de confiança e de apreço. Eu tenho apreço por uma empresa quando sinto que ela tem apreço por mim. Eu me sinto valorizado, e não apenas alguém que é capaz de fazer ali um negócio.

As empresas precisam considerar a hipótese de que o cancelamento de um serviço não significa necessariamente um rompimento. Pode ser apenas uma opção momentânea por alguma circunstância daquele consumidor. Se esse momento não se traduzir numa experiência desgastante ou mesmo traumática, ele poderá retomar o relacionamento futuramente.

As necessidades dos clientes mudam. Esse é um dos diapasões do mercado. Por vezes, essas necessidades são criadas pela própria oferta do serviço. Há uma série de coisas no meu cotidiano das quais eu nem imaginava que teria necessidade.

Evidentemente, algumas são muito superficiais, mas uma parte delas eu não tinha noção de que poderiam me beneficiar e, portanto, gerar mais valor naquela relação.

Não se trata da lógica de primeiro criar uma solução para em seguida mostrar que o cliente tem um problema. Algumas áreas de tecnologia são criticadas por esse tipo de conduta. Alteram o modelo do equipamento, "forçando a barra" para a aquisição do novo. Se o cliente não tiver disponibilidade financeira, geralmente precisa ir atrás de um adaptador.

Aliás, a liderança precisa formar-se e formar as pessoas para buscar, não só em relação aos clientes, mas também na convivência interna da organização, a lógica da integração (e não de mera adaptação acomodante), que é uma lógica proativa e antecipatória, em que há um protagonismo dentro das ações, em detrimento da lógica da simples adaptação conformada (que é passiva, mas só até encontrar alternativa melhor).

Se o colaborador for mais uma peça na engrenagem, isto é, adaptado, como antes refleti, ele pode até gerar algum nível de produtividade. Porém, uma produtividade repetitiva e limitante. Se a pessoa funcionar apenas como um "recurso humano", ela será pouco ou nada inventiva, criativa, proativa.

Ainda no âmbito da relação com o cliente, a empresa não deve supor que medidas uniformes terão o mesmo efeito sobre o público-alvo, sobretudo se for um contingente heterogêneo de pessoas.

Um exemplo é o uso de inteligência artificial (IA). É temerário considerar que a IA, só por ter um custo menor, possa ser usada indistintamente. Em algumas situações, os sistemas agilizam as respostas sem demandar que o cliente digite muito ou informe uma série de dados. Por exemplo, a queda de sinal de internet em uma determinada região pode ser comunicada já no ato da identificação do número que está fazendo a chamada. Num caso assim, o sistema poupa o tempo e passa a informação com eficácia. Mas nem todas as situações podem ter o mesmo enquadramento. É muito apreciável que as empresas ofereçam a opção de falar com algum atendente humano.

É recomendável fazer aferições constantes e avaliar as reações. Assim como existem a fila de idosos e o caixa preferencial, é preciso estabelecer trilhas que sejam mais customizadas. É só notar o avanço na área de compras e pagamentos, em que as emissões de aviso no celular elevaram o nível de segurança do cliente, especialmente nas operações de aquisição digital. A mensagem, pessoal e específica, assegura que a compra foi efetuada e que o ciclo daquele momento se fechou.

Uma boa parte das empresas que têm sistemas automatizados insere no conjunto de escolhas a possibilidade do diálogo com uma pessoa que possa esclarecer a questão do cliente, se as opções algorítmicas não o deixarem satisfeito.

Ainda que essa tecnologia tenha evoluído significativamente, nós não temos ainda um nível tão satisfatório do uso da inteligência artificial para todas as circunstâncias. É conveniente guardar um nível de retaguarda que permita uma trilha alternativa.

Nessa hora, é preciso entender que as pessoas têm perfis e idades distintos. Há clientes mais habituados a uma velocidade de atendimento automatizado e outros que se sentem mais seguros se puderem solucionar suas dúvidas numa interação com outra pessoa.

As empresas inteligentes não ludibriam, se empenham para a continuidade do relacionamento e, em determinadas circunstâncias, são capazes de me mostrar coisas das quais eu não notava ter necessidade.

# VII
# COMUNICAÇÃO

O valor da conexão

Capítulo 14

# EM BUSCA DA SINTONIA FINA

Criatividade, diversidade:
do convívio das diferenças
pode surgir o novo

Comunicação é um fator crítico para coordenar ações e gerar sinergia positiva. Se há algo que faz com que as relações sejam mais produtivas, mais exitosas, é uma comunicação eficaz. Isso acontece quando ela atinge o público-alvo – seja um indivíduo, seja uma equipe – que compreende o conteúdo transmitido em uma mensagem.

Por isso, é necessário tomar os cuidados para que a comunicação seja clara, compreensível, transparente. Quem comunica deve estar sempre consciente de que o fato de emitir uma mensagem não significa necessariamente que seu teor será apreendido. Desse modo, é bastante recomendável analisar o nível de inteligibilidade do conteúdo. Pode-se perguntar a alguém que faça parte do público-alvo o que ele entendeu daquela mensagem antes de difundi-la a um contingente maior de pessoas.

Uma checagem *a posteriori* também é aconselhável, para verificar a eficácia da comunicação e para fazer reforços, enfatizar aspectos ou dirimir eventuais dúvidas.

Nas organizações, a circulação de informações é determinante para o bom desempenho, uma vez que ela contribui para alinhar as pessoas na busca de objetivos. A comunicação eficaz evita perdas de recursos, entre eles o tempo, uma vez que reduz a possibilidade de ruídos que gerem retrabalho.

A comunicação tem uma relação direta com a didática. A compreensão da mensagem depende em grande medida da clareza com que é emitida. Por isso, quem comunica deve entender de que recursos o receptor dispõe para que o conteúdo seja de fato absorvido.

Se eu desejo comunicar algo, devo ser didático ao elencar as ideias e os argumentos para facilitar que a outra pessoa acompanhe o raciocínio. E, no que se refere à forma, utilizar todos os recursos disponíveis. No caso de uma interação presencial, por exemplo, escolher com critério como farei o uso das palavras e o modo como falarei, com as pausas, as ênfases, as perguntas sobre a compreensão do interlocutor e também recorrer a elementos não verbais, como os gestos.

Estar atento ao repertório do público-alvo contribui de forma decisiva para uma comunicação mais assertiva. Quando dava aula na universidade e um aluno achava um texto difícil no começo do ano, eu, Cortella, retomava aquele mesmo texto no final do período. Geralmente, o conteúdo, àquela altura, era mais bem compreendido. O texto era igual, o que havia mudado era o repertório do aluno.

Quem se comunica precisa perceber qual é o inventário de conhecimentos do seu interlocutor para que aquela mensagem possa, de fato, ser assimilada.

Quem gera a comunicação precisa estar atento à necessidade de repetir conteúdos, esmiuçar alguns pontos, reforçar mensagens, fazer lembretes periódicos, até que aquele tema seja incorporado ao repertório.

Vale reforçar que o gestor deve aferir periodicamente com a equipe de que forma a mensagem chega ao destino.

A propósito, um cuidado anterior a uma boa comunicação é a própria existência da comunicação, especialmente em tempos de velocidade e ambientes complexos.

É a comunicação que afina a sintonia entre as pessoas. Hoje, com a dinâmica das relações, é imprescindível haver comunicação. No dia a dia de uma corporação, é fundamental que as pessoas exerçam a competência da comunicação, porque os processos são interdependentes. Os avanços e as dificuldades nas ações precisam ser relatados, para que todos fiquem a par dos andamentos e evitem ruídos ou falta de informação, que podem gerar retrabalho ou desperdício de recursos.

Comunicação é um fator ao qual é preciso dedicar atenção constante. Afinal de contas, um incidente pode comprometer todo o trabalho executado até então.

Nesse aspecto, cabe reforçar que é bastante aconselhável monitorar o nível de compreensão das mensagens. No ambiente corporativo circulam histórias do famigerado fenômeno do "telefone sem fio", quando uma mensagem sai com um sentido da fonte e vai ficando cada vez mais confusa à medida que passa por mais pessoas. Ao chegar ao último receptor, está completamente distorcida. É uma brincadeira quase anedótica, mas que pode acontecer nas organizações.

Há que se considerar ainda que as pessoas são inundadas por todo tipo de informação, o que dificulta a retenção de determinados conteúdos.

Até por isso, a gestão da comunicação deve estar atenta a essa questão. Uma enxurrada de informações não significa que as pessoas absorverão o conteúdo, nem que o farão de modo mais rápido.

A boa gestão na comunicação se caracteriza pela maestria em adequar o fluxo à necessidade de cada assunto. Para informar a mudança de um horário ou uma mudança física de setor, um aviso é suficiente. Já uma comunicação que vise a uma mudança de comportamento precisa ser mais frequente, com reforço nas mensagens, complementações, exemplos variados, até que o conteúdo seja introjetado e faça parte da organização.

Estabelecer mecanismos periódicos de avaliação é uma boa prática para aferir a eficácia da comunicação e fazer os ajustes necessários.

A comunicação é multifatorial. Embora as técnicas que a colocam em curso sejam muito importantes, há outros aspectos intervenientes, como a própria capacidade de interação humana.

Se observamos o contexto atual, podemos verificar que estamos mantendo relações cada vez mais esgarçadas, mais tensas por várias razões. Com o passar do tempo, nós fomos rompendo alguns dos nossos modos comunitários de convivência, dificultando a condição de uma vida mais gregária, mais cooperativa.

À medida que fomos nos distanciando de uma vida mais concentrada em grupos e núcleos familiares ou de relações próximas de amizade, nós acirramos processos de disputa em relação a meios da economia, de autoridade, de poder, de ocupação de espaço.

Evidentemente, existem muitas vantagens de estar em grandes concentrações: fluxo mais intenso de ideias, ampliação de repertório e oferta de oportunidades que possam ampliar a capacidade de sobrevivência, entre outras. Mas é inegável que apareceram essas desvantagens, que são colaterais, e nós ainda não conseguimos equilibrar essa balança. Vivemos em grandes núcleos, que aumentam nossas possibilidades e ferramentas, mas, por outro lado, temos relações mais atritadas, que geram exclusão, com muitas pessoas sem condições de ter suas necessidades atendidas.

Nós conseguiremos nos aproximar de um modo mais equilibrado de convivência quando a nossa sociedade trocar a ideia de confronto pela de conflito. Retomo esse conceito sobre o qual falo com certa frequência.

Conflito é a divergência de posições na qual se busca construir um consenso. A paz não é ausência de conflito, é a ausência de confronto. O confronto é a tentativa de anular a outra pessoa, de derrotá-la. O conflito é criativo, leva a um crescimento de ideias, de percepções.

O diálogo não é ausência de conflito, ele é marcado pela troca de ideias para se chegar a uma reflexão mais elevada sobre algo. Isso pressupõe argumentar, defender pontos de vista e saber escutar o que a outra parte tem a dizer.

Paulo Freire (1921-1997), educador com quem convivi de modo intenso, tinha uma imensa capacidade de escutar. Era alguém que apreciava o diálogo. Se Paulo Freire estivesse vivo, não seria contra que alguém contra ele fosse. Seria contra o fato de que quem contra ele fosse não pudesse ser contra. Porque o diálogo pressupõe a condição de convivência dentro do conflito, sem que se chegue ao confronto, que é sempre pautado pela intenção de destruir o outro.

Nesse sentido, é estranho quando se trabalha com a perspectiva da recusa ao conflito, porque ele nos faz crescer. A intenção do conflito é a construção do consenso possível, isto é, o máximo de consenso que se consiga obter em relação a algo.

Há que se ressalvar que, se nós fôssemos absolutamente consensuais, não teríamos nenhum tipo de avanço, de solução de questões, porque ficaríamos estacionados. O diálogo não pressupõe uma postura de concordância. Dialogar não é concordar, é levar em conta, de forma respeitosa, o que está sendo colocado pela outra pessoa.

E atenção: não necessariamente alguém que não pensa como eu está equivocado. Mas não é porque alguém não pensa como eu que, só por isso, a pessoa está certa. O diálogo tem a condição de acolher a discordância.

Eu aprecio bastante um encontro com pessoas que não pensam como eu penso. Eu não quero só encontrar pessoas que não pensam como eu penso. Mas eu gosto de encontrar pessoas que não pensam como eu penso. Aliás, eu tenho amizade com pessoas com as quais não compartilho o mesmo tipo de pensamento político, de pensamento religioso, de pensamento sobre os caminhos da humanidade. Ainda assim, eu aprecio ter esse vínculo, porque essa pessoa, que não pensa como eu, não é contra mim. Ela é contrária a algumas ideias que eu tenho, a algumas coisas em que acredito, e vice-versa. Se formos capazes de trabalhar isso, como um inventário de ideias e que pode ajudar a melhorar o modo de pensar de ambos, ótimo. Eu jamais deixei de ler pensadores, autores, por estarem fora da minha convicção ideológica. Afinal, o pensamento deles pode confirmar aquilo a que eu sou contrário e me obrigar a pensar de outro modo, a rever alguma posição.

No âmbito da comunicação, quando isso não ocorre é que a alienação se instala. Porque, em grande medida, o outro passa a ser visto como estranho, e não como outro. Isso é muito deletério para as relações e prejudica ainda mais a nossa cada vez mais limitada noção de pertencimento. Essa é a base do preconceito, do racismo, da crueldade, da dominação.

Uma empresa, uma instituição, uma organização deve ser um local onde a vida, as ideias, os talentos pulsem pela conjugação das diferenças. Eu geralmente menciono que, no momento em que pessoas se juntam, podem surgir dois tipos de resultados: uma comunidade ou um agrupamento.

Qual a diferença? Em uma comunidade as pessoas convivem compartilhando objetivos, mecanismos de autoproteção e de preservação recíproca. Em um agrupamento as pessoas podem ter objetivos apenas coincidentes, mas não têm mecanismos de autoproteção e de preservação recíproca.

Em uma comunidade existe conflito, que é algo que faz crescer, pois ele se dá na diversidade. No agrupamento o confronto se faz presente, porque, ao assumir a diversidade como desigualdade, a atitude é no sentido de anular o outro, por não o considerar um igual.

Não é à toa que as empresas que cultivam o seu capital humano prezam e investem na diversidade. Elas compreendem que a atividade coletiva pode ser caracterizada por uma junção de diferenças que torna a vida mais interessante e enriquecida.

A convivência nesses ambientes é marcada pela possibilidade de olhar a outra pessoa como outra pessoa, e não como menos pessoa ou subpessoa apenas porque ela é diferente.

Como mencionei em outro momento, é bom lembrar que a noção de diversidade tem um movimento externo, que é a convivência, mas ela tem algo ligado à convicção interna, isto é, a reformatação dos padrões que se tem no dia a dia.

Por isso, as organizações, as empresas, as lideranças terão de lidar com esse momento em que se decola em proteção à diversidade, no sentido de fazer pontes entre as pessoas daquela comunidade.

Um dos grandes argumentos para se promover a diversidade é que ela amplia o repertório, as percepções, as referências, as histórias de cada um. Essa riqueza maior de pontos de vista afasta o risco do pensamento único.

Uma das grandes vantagens da convivência humana é que o uso coletivo das nossas capacidades, quando elas se encontram numa situação de troca, faz com que haja uma elevação das competências. Como já destacado, a noção de competência tem se tornado cada vez mais coletiva, em detrimento da individual. A competência do outro me torna mais competente também.

Mas, individualmente, é impossível ser competente em todas as esferas, o meu desempenho se eleva quando eu tenho essa relação de complementaridade com o outro.

Uma das marcas mais acentuadas da sociedade greco-romana antiga foi a produção de um mundo urbano. Não é casual que aquilo que se chamará de "século de ouro da filosofia", o século 5 a.C., guarde relação com a urbanização, pois ela faz com que haja uma imensa elevação do repertório de encontros.

Isso pode ser observado através dos séculos. A Renascença não foi só um movimento de efervescência cultural. Ela representou especialmente um renascimento urbano, do ponto de vista cultural. A cidade italiana de Florença gerou a arte pictórica, a literatura, a ciência de alto nível porque tornou-se um espaço onde as pessoas se encontravam.

Em 1967, eu saí de Londrina, cidade que tinha cerca de 100 mil habitantes, para São Paulo, onde havia 3 milhões de habitantes. Uma metrópole desse tamanho amplia imensamente o horizonte de alternativas de contato, de exposição, de visibilidade, de acessos a bens culturais, informacionais, de conhecimento.

Não é uma mitificação do mundo urbano nem uma recusa ao mundo rural, ao mundo bucólico, mais isolado. Não é à toa que hoje, no mundo altamente adensado, quando se deseja criar, a pessoa procure um refúgio. Mas, no campo da comunicação das ideias, da criação, essa forma de encontro que o presencial produz tem vários efeitos positivos.

Todas as vezes que eu fico mais isolado, embora isso possa favorecer alguma concentração, desfavorece a minha capacidade de interação com o outro e de compreendê-lo.

Nesse sentido, é necessário que as lideranças, que têm a tarefa de levar adiante projetos, sejam capazes de promover encontros, tanto presenciais quanto virtuais.

Na primazia da comunicação criativa e contributiva, cabe sempre ressaltar que a empresa precisa ser um ambiente de docentes e discentes. Não se trata de mero jogo de palavras. Há uma reflexão que a etimologia nos oferece, porque o prefixo "doc", no indo-europeu e depois no latim, significa "conduzir". Enquanto o antepositivo "discens" significa "ser conduzido". Num ambiente de permeabilidade interpedagógica, que se deseja numa empresa, ninguém é só docente e ninguém é só discente.

Claro, a empresa é um espaço em que a convivência deve ser uma fonte geradora de ideias. O estímulo para essa dinâmica se dar pode vir por meio de debates, encontros presenciais ou virtuais para apresentação de ideias, sugestões, troca de impressões sobre projetos em andamento. Porque serão interpretados com o referencial de outra pessoa, que pode colocar a ideia num patamar mais elevado. E outro colaborador pode identificar um aspecto a ser aperfeiçoado, do qual ninguém havia se dado conta até então.

E essa prática não ocorre somente nas empresas que trabalham na economia criativa. No setor industrial, existem histórias de modificações ou adaptações de equipamentos que foram implementadas após sugestões dos operadores que neles trabalhavam. Algumas dessas ideias foram extremamente contributivas para aumentar a produtividade. Empresas podem ser criativas independentemente do setor em que atuam. A característica comum entre elas é estar constantemente burilando ideias.

Em um ambiente cada vez propício para que o novo floresça, um comentário despretensioso pode ser o embrião de alguma inovação. Porque as pessoas passam a pensar num modo de partilha.

Por isso, a diversidade é enriquecedora. A convivência de referenciais e históricos diferentes, efetivamente, pode gerar o novo, e o novo, em tempos incertos, nos auxilia a encontrar alternativas, saídas, êxitos e esperanças factíveis.

O que sempre precisamos é trazer a partilha, a cooperação e a colaboração como energias decisivas para iniciativas decisivas.

Sempre é tempo de *delinear* a hora, e sempre dá tempo para *fazer* a hora, empreender o futuro, desatar os momentos propícios.

Leia também:

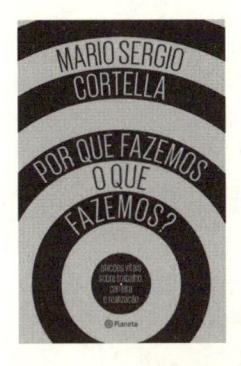

**Editora Planeta** *Brasil* | **20** ANOS

**Acreditamos nos livros**

Este livro foi composto em Libre Castlon e impresso pela Geográfica para a Editora Planeta do Brasil em outubro de 2023.